健美操运动教学及创新发展研究

牛小美　谢　瑜　武珊珊　著

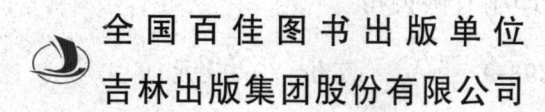

全国百佳图书出版单位
吉林出版集团股份有限公司

图书在版编目(CIP)数据

健美操运动教学及创新发展研究 / 牛小美,谢瑜,武珊珊著. --长春:吉林出版集团股份有限公司,2023.6

ISBN 978-7-5731-3898-9

Ⅰ.①健… Ⅱ.①牛… ②谢… ③武… Ⅲ.①健美操-教学研究 Ⅳ.①G831.32

中国国家版本馆 CIP 数据核字(2023)第 132100 号

健美操运动教学及创新发展研究

JIANMEICAO YUNDONG JIAOXUE JI CHUANGXIN FAZHAN YANJIU

作　　者	牛小美　谢　瑜　武珊珊
责任编辑	欧阳鹏
技术编辑	王会莲
封面设计	豫燕川
开　　本	787mm×1092mm　1/16
字　　数	196 千字
印　　张	11.75
版　　次	2024 年 1 月第 1 版
印　　次	2024 年 1 月第 1 次印刷
出　　版	吉林出版集团股份有限公司
发　　行	吉林出版集团外语教育有限公司
地　　址	长春福祉大路 5788 号龙腾国际大厦 B 座 7 层
电　　话	总编办:0431－81629929
印　　刷	北京银祥印刷有限公司

ISBN 978-7-5731-3898-9　　　　定价:70.00 元

版权所有　侵权必究

前 言

  健美操是一项深受广大群众喜爱的新兴体育运动项目,虽然发展时间短,却已成为现代健康文明生活不可缺少的组成部分。随着时间的推移,健美操的种类和练习形式更加多样化,练习的科学化程度也在不断加深,同时,在激烈的市场竞争中,对健身场所也提出了更高的要求。现在的生活精彩纷呈,变化莫测,人们的价值观与生活方式也发生了很大的变化。人们越来越重视自身的身体健康,积极倡导用丰富多样的练习手段吸引更多的人投入现代健身运动中。

  随着体育教学的发展与学生自我意识的增强,健美操教学将会得到更广泛的开展。万事万物都处在不断发展变化之中,健美操同样如此。自健美操产生以来,不论是动作还是规则等都在发生变化,这是健美操发展的需要,也是时代发展的要求。毋庸置疑,随着社会的不断变革,健美操运动仍将不断地创新发展。对于健美操运动的参与者来说,健美操的创新发展能使其保持时尚性,并获得良好的运动效果,但同时也对其进行健美操运动的实践提出了更高的要求。因此,为了更好地帮助健美操运动者科学地从事健美操运动,对健美操运动的创新发展进行研究十分必要。

  本书围绕健美操运动教学及创新发展,首先对健美操运动概况进行介绍,包括健美操的特点、功能、健身价值与原则、基本动作及科学原理等内容;在此基础上,阐述了健美操教学系统构成要素与操作程序;随后分别介绍了健美操形体教学与动作创编教学、健身健美操教学设计、竞技健美操教学设计等内容,最后,阐述了健美操教学方法、健美操教学模式的创新与应用。本书内容全面,结构完整,条理清晰,力求体现理论性、实用性、新颖性的特点,能够为我国健美操教学的发展提供指导。

  另外,作者在撰写本书时参考了国内外同行的许多著作和文献,在此一并向涉及的作者表示衷心的感谢。由于作者水平有限,书中难免存在不足之处,恳请读者批评指正。

目 录

第一章 健美操运动概述 ………………………………………………… 1
  第一节 健美操运动的特点与功能 ……………………………………… 1
  第二节 健美操运动的健身价值与原则 ………………………………… 6
  第三节 健美操运动的基本动作及科学原理 …………………………… 15

第二章 健美操教学系统构成要素与操作程序 ……………………… 33
  第一节 健美操教学的学科理论基础 …………………………………… 33
  第二节 健美操教学的任务与特点 ……………………………………… 41
  第三节 健美操教学的规律与原则 ……………………………………… 48
  第四节 健美操教学课程的组织与实施 ………………………………… 54
  第五节 健美操教师教学设计能力的培养 ……………………………… 57

第三章 健美操形体教学与动作创编教学 …………………………… 61
  第一节 健美操形体教学 ………………………………………………… 61
  第二节 健美操动作创编教学 …………………………………………… 90

第四章 健身健美操教学设计 ………………………………………… 105
  第一节 健身健美操理论分析 …………………………………………… 105
  第二节 健身健美操基本动作教学 ……………………………………… 109
  第三节 健身健美操组合动作教学 ……………………………………… 115
  第四节 健身健美操套路教学 …………………………………………… 119

第五章 竞技健美操教学设计 ………………………………………… 123
  第一节 竞技健美操理论分析 …………………………………………… 123
  第二节 竞技健美操基本动作教学 ……………………………………… 127
  第三节 竞技健美操难度动作教学 ……………………………………… 132
  第四节 竞技健美操表现力教学 ………………………………………… 137

第六章 健美操教学方法的创新与应用 …… 145
  第一节 常见健美操教学方法 …… 145
  第二节 健美操教学方法的合理选择 …… 150
  第三节 健美操教学方法创新的思路 …… 154
  第四节 创新健美操教学方法设计与应用 …… 157

第七章 健美操教学模式的创新与应用 …… 165
  第一节 常见健美操教学模式与应用 …… 165
  第二节 健美操教学模式的科学构建 …… 169
  第三节 健美操教学模式改革的建议 …… 172
  第四节 创新健美操教学模式设计与应用 …… 175

参考文献 …… 179

第一章 健美操运动概述

第一节 健美操运动的特点与功能

一、健美操运动的特点分析

健美操作为一项新兴的体育运动项目,现在已在世界的范围内风靡,之所以会产生这样的现象,与其运动特点和功能是分不开的。

(一)健美操运动的总特点

1. 美学特点

健美操这一体育项目与其他项目最为不同的一点是,健美操运动是以自然人体为对象的,是让练习者运用自己的力量来实现自身关于人体美的追求。健美操从本质上来说是一种人体运动的方式,它所讲究的是动作既要美观又要大方,而且还要在音乐的伴奏中,准确地将动作展现出来,符合节奏的规律。同时,在健美操训练过程中,还要有效地运用身体的各个部位,使人体能够和谐地发展,培养比较匀称健美的体形。健美操不仅注重培养练习者的外在美,而且注重对练习者内在美的培养。因为人体运动是受主观意识指挥的一种精神作用的外在表现,所以人体能在运动的过程中体现出意志、道德、情操、情感、作风、气质等内在美健美操所表现出的力与美,即外在美与内在美构成了健美操的美学特点。

2. 力度特点

健美操运动不论是技术动作,还是难度动作都是以力度为基础的,它所表现的力是力量、弹力、活力的综合。健美操动作所要求的力度和力量性是非常强的,它要求练习者在进行健美操动作时要展现出较高的力度感。健美操的这种力量性不同于体操的力量性,其力量表达是更为自然的;健美操的这种力量性也不同于舞蹈的力量性,其力量表达更趋向于较为欢快、有力的力量展现方式。健美操展现的动作力量性的风格可以充分表现出人体"健的风采、美的神韵、力的坚韧"。健美操的力度性具有强烈的感染力,最能表达人的"个性",其运动方式所表现出的力与众不同,也是健美操的一个显著特点。

3. 音乐特点

音乐是按一定规律运动着的声音,它能唤起人们长期积累起来的生活艺术的实践经验,使人在头脑中恢复某些事物之间的联系或形成某些事物关系的重新组合,使人们产生艺术联想。这种联想是形象性的,是以直接或间接的生活实践经验为依据的。音乐对人的情感、情绪变化以及人体的运动都会产生重要的影响。关于健美操运动为什么能够受到人们的喜爱,在研究中发现,不仅是因为健美操本身的功效性,还因为现代音乐给健美操带来了活力。当练习者一听到这种旋律优美的音乐及强劲的节奏之后,便会产生一种自然的、想参与的刺激作用。健美操音乐的旋律是轻快、优美或浑厚、沉稳、热情、奔放的。音乐曲调健康活泼能振奋精神,消除身心紧张和疲劳,获得心理和生理上的平衡。

4. 创新特点

因为人体的结构是复杂的,情绪是丰富的,并且性格是迥异的,因此这也在一定程度上决定了健美操动作的丰富性。在健美操的动作中,不仅保留了徒手体操中各种类型的基本动作,而且还吸收了相关的运动项目和艺术门类中的许多动作,再经过提炼、升华,从而使之成为具有健美操风格的动作。健美操动作通过七种基本步伐的变化和组合,身体关节面和轴的变化,各种队形的点、线及方向的变化,极大地丰富了健美操的内容,同时为健美操的创编提供了源源不断的素材。所以,不断创编出新颖的健美操动作是有利于健美操的发展的。

(二)健身性健美操运动的特点

1. 音乐的节奏性

根据实践探究,可以发现有节奏的运动能够使人的身体呈现最适宜的协调性。因为人们在收听音乐的过程中,会根据音乐的高低、快慢等节奏的变化而产生相应的身体韵律感,从而可以在做健美操运动的时候更加充满活力。健美操的音乐与普通的音乐相比,其不同之处在于,健美操的音乐更能够激发健美操学员的情绪,使健美操学员在完成动作的过程中准确地把握每一个节拍,而且还能够使健美操学员陶冶情操,消除和延缓其在练习健美操过程中的疲劳,增强健美操的练习效果,只有按照健美操的音乐做动作时,才更能够展现出健美操的节奏性,才能使健美操学员从中体会锻炼给身体带来的变化。同时,调节人的思想情绪,提高人对美的鉴赏能力。

2. 运动过程的有氧性

健身性健美操在组合编排、动作设计方面始终遵循有氧运动的规律，保证练习者在长时间运动时能摄入足够的氧气，以便促进体内脂肪的氧化分解，加快体内的新陈代谢，消除体内多余的脂肪，强化呼吸系统、心血管系统的机能，增进健康、增强体质。

3. 身体的节律性弹动

健身性的健美操所展现出来的是动作的节奏性，并且其节奏性是与健美操音乐的节奏相吻合的，是根据健美操音乐的节拍完成各种各样的步伐。在动作过程中，身体节奏性的弹动是动作连续流畅完成的基本前提。

4. 健身的实效性

健身性健美操的目的是在健身的基础上把形体美、姿态美、动作美和精神美有机地结合起来，既注重外在美的训练，又强调内在美的培养。它是为了锻炼人们的身体，使其能够健美地发展，并且以人体解剖学等学科的理论为基础进行编排的。因此健美操的动作幅度一般是比较大的，其动作内容与其他运动相比也是比较多的。健美操在全面锻炼人体的基础上，还可以对身体某一部位进行有针对性的锻炼，如胸部健美操、腰腹健美操、形体健美操等，让人们在练习健美操的过程中，不仅可以锻炼自己的身体，还可以对自身的身体形态进行修正。而这种健与美的统一，正是健美操本质特征的表现。

5. 身体姿态的控制性

健美操对于身体姿态的控制性是极强的，因为在练习健美操动作的过程中，不管健美操的动作是多么复杂，对于整个身体的要求是必须控制在标准健康位置之内。无论是进行徒手健美操练习，还是轻器械健美操练习，都必须保持身体姿态的健康位置。通过对身体姿态的控制体现动作的速度、幅度等，展现健美操的动作特点。并通过对身体姿态的控制提高人体的体态美，实现健美操健身的功效。

6. 广泛的适应性

练习健美操的形式是多样的，并且在练习健美操的过程中，对于人的运动量的大小都是可以由练习者本身进行自我控制的，对于健身的场地要求不是很高，对于性别、身体素质等方面也没有要求。所以，健美操这一健身性的运动是适合各个年龄层且具有广泛群众性的健身性运动。健美操的娱乐性主要体现在人们在锻炼过程中所感受到的关于"美"的愉悦之中。随着社会的发展，经济的进步，人们在享受物质生活的同时,对于精神文化的需求也越来越多。人们会在闲暇时间寻找能够释放压力的娱乐和锻炼方式。健美操是时代的产物,它那种激情奔放的动作和明快舒畅的音乐,可使人们在健美操锻炼的过程中消除在工作中产生的压力,得到情感上的释放。

7. 健身的安全性

健身性健美操的动作以及运动节奏是符合人体运动规律的,并且其运动量也是人们所能够负荷的,是适合各种体质进行锻炼的有氧运动,可以使每个健身者在其体能所能承受的范围内进行身体的操练,从而可以在安全的范围内进行锻炼,达到快乐健身的目的。

(三)竞技性健美操运动的特点

1. 以传统健美操为基础

竞技健美操保留了传统健美操的基本特性,如动作的弹性与控制、传统健美操中常用的七种基本步伐以及体现肌肉力量的动作。不同于传统健美操的是竞技健美操的动作幅度更大、力度更强、速度更快,给观众的视觉感受更深刻、更有刺激性,因此竞技健美操是以传统健美操为基础,在普及的基础上求发展,在比赛中求提高。

2. 难度较大,体能要求较高

竞技性的健美操运动对运动员的体能要求是比较高的,因为是需要运动员在音乐的伴奏下,连续完成复杂和高强度动作,难度是比较大的。所以对于参与竞技性的健美操运动的运动员的要求也是比较高的。

3. 高度的艺术性

竞技健美操属于难度较高的竞赛项目,其特征主要是体现在"健、力、美"这三个方面。因此这就要求竞技健美操运动员必须规范、优美、自信和充满活力地完成动作。运动员在比赛中所表现出的健美的体魄、高超的技术、流畅的编排和充沛的体力等,充分体现出热情、活力、魅力、情感以及非凡的气质,给人留下深刻的印象。

4. 节奏韵律感强

竞技性的健美操的节奏是非常强烈的,其音乐特点也是比较强劲的,这样不仅可以烘托气氛,而且还可以激发人们参与竞技的热情。竞技性的健美操音乐具有自己特有的形式,其主要作用是烘托成套动作的效果与气氛。运动员可以将音乐的风格用肢体语言和面部表情表演出来,同时音乐主旋律的选择、节奏速度、高低音和后期动效的制作也可使运动员的表演得到升华,与观众产生共鸣。

二、健美操运动的功能分析

健美操运动具有多种功能,以下是对健美操功能的论述。

(一)健身功能分析

1.有利于增强运动系统的功能

如果人们能够经常性地进行健美操锻炼,那么不仅可以提高自身各个关节的灵活能力,还可以增强人体内肌肉的力量,使韧带、肌腱等结缔组织更富有弹性。尤其是对青少年来说,经常做健美操能够对肌肉、骨骼、关节等有良好的刺激,有利于青少年的成长发育。

2.有利于促进心血管系统机能的提高

人们在健美操锻炼的过程中,不仅可以使心肌增厚、增大心脏容量,而且还可以提高心脏的功能,有利于提高心血管系统机能,改善人体的新陈代谢、有益于人体的健康。

3.有利于改善消化系统的机能能力

因为在练习健美操的过程中,髋部全方位的活动比较多,所以人们在练习的过程中,在锻炼腰肌和骨盆肌的同时,还能加强肠胃的蠕动能力,促进人体内的消化,改善消化系统,从而可以有利于提高对疾病的抵抗能力。

(二)塑造形体美功能分析

"形体"一般分为姿态和体型。进行健美操训练有利于塑造优美的形体。人体形体在一定程度上受后天因素的影响,进行适当的体育运动可以改善人体的体型外貌,而健美操对于动作和身体姿态的要求与日常生活中的姿态要求基本是一致的。所以,通过经常性的健美操练习,可以改善身体姿态,形成较为优美的体态。健美操的练习是不仅可以通过消除体内和体表多余的脂肪,维持人体吸收与消耗的平衡来降低人体的体重,从而可以保持比较健康的体型,而且经常参加健美操锻炼,还可以使人在身体活动的实际体验中,调节心理平衡,增强自信心。因此健美操是非常受到青少年的喜爱的。

(三)益智功能分析

健美操运动通过改善人脑的物质结构和机能状况,全面发展人的观察力,广泛训练记忆力,启迪诱导想象力,帮助提高思维力,为智力开发创造良好的生理条件和环境条件。如果人们能够经常进行体育锻炼,就能保证大脑的能源物质与氧气的充足供应,也就是促进大脑神经细胞的发育,由于健美操的类型很多,其动作自然也是较为丰富的,所以人们在练习健美操的时候,能够向大脑神经系统提供各种刺激信息,从而有利于提高大脑皮层细胞活动的强度及其灵活性,使整个大脑神经系统的功能得到改善。

(四)缓解精神压力,娱乐身心功能分析

社会在发展的同时,人们的经济水平也在不断提高,人们在享受各种物质生活的同时,其精神上的压力也是在不断提高的。经调查可以发现,一个人如果长期处于比较压抑的环境之中,其精神上的压力也会不断增加,就会产生相关的身体疾病,譬如,高血压、心脏病等。适当的体育运动可以帮助人们缓解精神压力。在所有的体育运动项目中,健美操以其动作优美协调、全面锻炼身体而著称,在健美操的锻炼过程中,随着具有强烈节奏的音乐,练习者的注意力往往会被转移过来,只顾着随着音乐来完成动作,从而会忘记之前的烦恼,缓解练习者的精神压力。

另外,人们在健美操的锻炼过程中,通过与其他练习者的交往,人们可以交到比较多的朋友,扩大朋友圈。目前来说,人们如果想要学习健美操,一般会选择去健身房,在专业的健美操教练的指导和帮助下进行学习。由于去健身房锻炼的人很多,参与健美操项目的人也不少,人们在健美操的锻炼过程中可以接触到许多"志同道合"的人,大家一起锻炼,相互鼓励,共同欢乐。因此,健美操的锻炼不仅可以强身健体,还可以使人们在锻炼的过程中解放身心,得到一种精神上的享受。

(五)医疗保健功能分析

健美操不仅是一项有益身心健康的有氧运动,而且它具有医疗保健、强度低、容易控制运动量等运动特点。因此,健美操除了对身体健康的人来说具有良好的健身效果,对于一些病人来说也是一种良好的医疗保健手段。所以加强健美操的锻炼对人们是起保健作用的,对人们的身体是有益的。

第二节 健美操运动的健身价值与原则

健身性健美操练习的主要目的是锻炼身体、增进健康。健身性健美操的动作简单,实用性强,音乐速度也较慢,且为了保证一定的运动负荷和锻炼的全面性,动作多有重复,并均以对称的形式出现。健身性健美操的练习时间可长可

短,在练习的要求上也可以根据个体情况而变化,严格遵循健康、安全的原则,防止运动损伤的出现,在保证安全的基础上达到锻炼身体的目的。

一、健美操运动的健身价值分析

健美操是时代的产物,是基本体操艺术化、动力化、健身化趋势的反映,也是一项具有实用锻炼价值的运动项目。长期进行健美操锻炼,能够增进健康,增强体质,改善体型体态,矫正畸形,调节心理活动,陶冶美好情操,提高神经系统机能,培养顽强的意志品质。

(一)人体生理指标积极的价值

人的生理状态在任何体育项目中都会受到影响,运动负荷具体体现在这种生理影响中,刺激适宜的运动负荷,从而使体质得到有效增强,有利于了解人体生理指标在运动中发生的变化,确定锻炼强度,从而得到最佳的锻炼效果。

人体在各项体育活动中,能够承受的生理负荷称作运动负荷,运动强度及运动量决定运动负荷,其中完成动作所需的肌肉力量及肌肉产生的紧张程度称为运动强度,包括运动的力度及速度等因素;运动负荷则是人体在进行各项体育活动时,能够承受的生理负荷,其负荷的大小由运动强度及运动量决定,而运动量涉及完成动作所需持续的时间长短及数量,心率相对机体,不仅是对生理负荷加以反映的重要指标,还是确定运动负荷的主要依据。

要了解心率在健美操运动中的变化范围,首先需要了解一下最高极限心率的概念。对于没有训练基础的人来说,其计算方法为:最高极限心率=220次/分钟－实际年龄。根据这一公式,一个50岁的人最高极限心率为:220次/分钟－50=170次/分钟。对于有了一定体育训练基础的人,他的最高极限心率计算方法为:最高极限心率=205次/分钟－实际年龄的一半,比如,同样对于一个50岁的人来说,如果他具有了一定训练基础,那么他的最高极限心率应为:205次/分钟－(50/2)=180次/分钟。

由此可见,在同等年龄条件下,有过训练基础的人,其最高极限心率要高于没有训练基础的人。

界定人们从事运动项目的负荷,前提是要对人的最高极限心率做到了然于胸。以健美操为例,最高极限心率的60%～80%是健美操的运动心率范围。由此可知,越高的健身心率,健美操的运动强度及运动量便越大,带来的运动负荷也会更大,从而对人体造成生理及负荷的影响,有氧运动便是心率在这个范围发生的运动,如果超出这个范围,那就是无氧运动。无氧运动不提倡以健身为目的,假如心率没有高于这一范围,导致身体并不能达到一定的负荷,则起不到锻炼健身的效果。

(二)生理健康产生积极价值

健美操对人的生理健康产生积极价值,具体表现在三个方面:①健美操不仅改善人体内相应器官的功能,还能积极影响人的肢体活动;人的心肌纤维得以增粗,从而加强心肌收缩的力量,提高心脏的供血能力及输出量,便于血液供给脑细胞的能量及氧分,全方位提高人的大脑思维能力。另外,通过健美操运动,人体内闲置的脂肪得以更快燃烧,减轻内脏器官多余的负荷,可尽快燃烧掉体内处于闲置状态的脂肪。②通过健美操运动,青少年的骨骼变得更健壮,密度有所增加,有助于发育成长。人的机体通过健美操运动,可以完美塑造形体,使身体的各部位更具敏锐性、灵活性及协调性,从而强化运动系统中的韧带组织、肌肉组织及关节,大幅度加大肌肉的力度及弹性,有益于提高其生理功能。③人体的消化及呼吸系统功能,通过健美操锻炼得到调整及改善。机体在人们进行各种健美操运动练习时,对氧的需求增加,长此以往,增大了人的肺部容积,提高了肺泡的张开率,而且增加了人的吸氧量,使得呼吸肌变得更加强劲,从而能增强人的呼吸系统的功能。

腰腹肌和骨盆肌在健美操运动中活动量的增加,从一定程度上增强了肠胃的蠕动力。随着深呼吸在运动中次数的增多,相应增加了腹肌及胸肌的上下活动,从而很好地按摩肠胃等消化器官。

(三)产生永葆青春的价值

健美操既能激发人旺盛的精力,增强免疫力,还能强身健体,使得身体的机能处于健康平稳的状态,因此,长期从事健美操锻炼将有效延缓人体衰老,具体体现为如下几个方面。

1.人体器官可通过健美操延缓衰老

人体衰老的基本特点是组织器官功能减退,甚至萎缩,通过进行有氧健美操,可以促进血液循环,提高血液的含氧量,更加有效延缓皮肤的衰老及退化,从而保持红润的肤色。此外,通过健美操的锻炼,可防止骨折及骨质疏松的发生,增加骨骼密度,有效防止钙的流失,达到补钙的目的。

2.人体的新陈代谢通过健美操得到促进

人们在岁月中容易出现一系列衰老特征,新陈代谢出现下降趋势,通过有氧健美操的运动,有效促进机体内的新陈代谢,改善各项代谢功能,从而使人体内物质的分解代谢及合成保持一个相对平衡的状态。当人们在进行健美操运动时,有氧氧化体内物质,进而分解为水和二氧化碳,产生能量,更好地供应机体,提高人体的新陈代谢。

3.人体催化酶的活性可通过健美操得到提高

人体内的催化酶随着人年龄增加,出现下降趋势。但经过酶的催化作用,便于人体内所有代谢、分解及合成的发生。当进行健美操训练时,可提高人机体内的物质合成及分解代谢速度,从而提高酶活性。

4.人体内分泌可通过健美操得以改善

通过健美操锻炼,人体的免疫能力得到提高,人体抗病能力增强,从而降低疾病的发生率,延迟衰老。胰岛素是人体内唯一可以降低血糖的激素,通过健美操运动,更好地分泌胰岛素,从而提高胰岛素对血糖的调节作用,可减少糖尿病的发病率。

二、健身健美操的动作要求与原则

健身健美操的练习目的是锻炼身体,保持健康,它的核心是基本动作,健身健美操的任何组合动作都是以基本动作为元素进行编排的。很多学者对其进行了探究,如基本步伐的研究,有学者把健美操的所有步伐按动作本身的名称分为十二种:踏步、踏并步、V字步、交叉步、移动步、开合跳、提膝跳、弹踢跳、点步、后踢腿跑、吸腿、弓步。基本步伐综合为四大类:踏步、踏点步、点步、移动步。也有学者依据分类学原理和健美操项目的特点把健美操步伐(下肢动作、非难度动作)分为两大类:非腾空类动作、腾空类动作。研究者的创造性结果与采用的方法是不可分离的,这些结果和方法都是围绕健美操的根本原理展开探究的。

(一)健美操的动作的要求

1.动作力度的要求

人在体育运动中出现的肌肉运动造成收缩的强度称之为力度。衡量这种力度强度的标准并非抛出一个物体的力量或推起一个重物,而是"爆发出力的旋律",也就是说在节奏型屈伸中出现的一种力量。一般在健美操训练中,以上现象较为常见,通常见到一些人在做动作时,使尽全力,气喘吁吁,并没有达到应有的效果。

基于健美操表现风格及人体的需要,基本上通过抖动用力、急停用力及弹性用力等方式表现动作力度。其中抖动用力,这种力度是人体在某一部位中,通过做出幅度较小的多次连续性动作,以示人的灵活性及震颤感,正确把握力度,增强动作的表现力、韵律感及节奏感;急停用力,这种动作发生在进行伸或屈后,出现一个短暂的停顿,该动作不仅会舒展动作,还表现出一种力量;弹性用力,这种动作出现人体在做屈或伸之后,将人体的刚柔之美表现得淋漓尽致。

2. 动作幅度的要求

动作在健美操运动中所能达到的最大活动范围称之为幅度,具体体现在动作的方向、路线及位置上,而动作的美感、节奏及强度受到动作幅度大小的直接影响。强度与动作幅度的次数呈正相关,在相同的动作幅度条件下,单位时间内完成的次数不同,造成的强度不同。

运动的强度由运动幅度的大小决定,强度过大动作的节奏会遭到不恰当运动的破坏,从而出现不鲜明的动作连接;强度不够,对动作的美感会造成影响,不能够充分展示动作的舒适度及力度。

3. 动作的规范性要求

动作的规范即动作的标准,健美操的动作规范性是根据人体解剖学、人体美学等原则而定。某一个部位通过什么动作加以锻炼,对动作有什么要求,能达到什么样的效果都有严格的科学要求。规范的动作不仅对人良好的形体状态给予基本保证,还能确保动作的质量。规范的健美操动作基本上分为跳动、摆动扭动及振动等用力方式;动作的姿态也就是膝盖、脚尖、手指、手臂等,必须符合美感要求及动作要求;动作的位置即某一动作完成后所在的位置;动作的路线即从预备姿势到结束姿势所经过的路线等。在大众健身活动中,不少人认为只要以"动"为主要活动内容,不管进行什么样的运动,都可以起到健身的作用,其结果往往是缺乏针对性而令锻炼效果不佳。

健美操具有针对性的动作,成为广大群众青睐的运动方式。健美操的内容不同,其目的也不相同,健美操不同的动作有利于不同体位得到锻炼。要获得健身美体的效果,需要遵循一定的动作规范,认真加强锻炼,否则,无法达到健身的目的。

4. 动作协调性要求

恰到好处的运动可以使身体各部位进行相互配合,称之为动作的协调性。动作的协调性能够反映人体肌肉良好的控制能力,健美操不但严格要求动作的协调性,而且对人体美加以塑造,也可作为一项兼具美感的文化活动得以体现,动作旋律来自动作协调,从而使得美感增强。

5. 动作美感的要求

在体育运动中,动作的高度准确和协调会给人以美感,这种运动之美正是体育创造美感世界的最高境界。在健美操运动中,其准确和协调则表现为动作完成得轻松、自如、连贯、流畅、舒展、大方、刚劲、优美。

经过长期锻炼以及准确完成动作形成健美操的美感,其中准确是体现健美操美感的基础。在一定程度上,健美操动作在协调性、规范性、幅度、力度等方面满足准确要求,这些元素需要保持适度、到位,其中幅度及力度能够使动作更加规范、明快及刚劲,从而使其更加稳健,使得动作具有轻松自如的协调性;各个元素缺一不可,只要面面俱到,方可保持动作的美感。这也对健美操提出了高质量要求,要在动作的准确性方面下功夫,确保健美操的运动处于高质量发展中。另外,健美操作为一种文化活动,需要从人的精神层面提高,比如对健美操意识及修养的培养,长此以往,赋予锻炼一种精神内涵,多加控制自我的姿态,使得各部位动作在节奏、幅度及力度等方面保持更好的自由感、韵律感及协调感,使得身心在健美操的运动中更具灵活性。

6. 动作表现性要求

动作的表现性指练习者通过外在动作,表现内在精神、气质、情绪、灵感,并使之具有鲜明的个性特征。时下的现代健美操有着浓厚的时代气息,反映了广大爱好者的求美心态及认同心理。所以,健美操锻炼者应该具有团结友善、朝气蓬勃、自由及乐观的精神风貌,人的内在精神及生命力需要体现在每个动作及神态中。

不同的动作和姿态反映出不同的情绪及气质,通过动作及神态,表现出情绪及精神的好坏。内心的充实美通过欣喜的神态得以呈现,成熟美通过深沉的仪表得以呈现,自信美通过挺胸抬头得以呈现,灵巧美通过协调的动作得以表现,典雅美通过优美的动作得以呈现,刚毅美通过有力的动作得以呈现。这些都是基于个性表现特征,从审美角度分析的结果。因此,对健美操姿态及动作进行不断追求及完善,对内在美加以培养并充实,这种内在美的完善及提高又恰恰促进健美操的动作及姿态更具美感,两种形式彼此促进、相互支撑,更好地突出健美操的动作。所以,人们进行健美操锻炼时需做到以下几点:①心态乐观,保持完美的动作;②兼顾动作及内在素质的双向提高;③保持富有表现力及神韵的动作,有效调节内在精神及情绪,对乐曲精髓的深刻领悟。

总而言之,综合多方面因素,这是健美操动作的基本要求,各因素之间是一种唇齿相依的关系,只有将各环节的动作更好地加以掌握,满足动作的各种要求,才能使其动作在和谐统一中得到高质量的发展。

(二)健美操的动作原则

健美操有一定的动作原则,该原则的出发点来自质料因、形式因、动力因及目的因,以此满足其本意。所以,将自然方向用力作为其法则,通过适合健美操运动的特征形式、习得美丽、力量及健康的标准动作。

1. 动作原则和方法分析

质料因、形式因、动力因及目的因,构成健身健美操的动作原则。质料因是健身健美操的基本动作,形式因则是健身健美操的运动形式,两者共同构成静态的健身健美操,也是区别于其他项目的地方。动力因作为健身健美操运动的技术手段,一个动态的过程及实现健康的过程,是健美操与人进行实践的结果,而目的因是保持健康及锻炼身体。

健美操的动作原则并非四因的任意一个,而是基于质料因进行探索,研究基本动作是达到的目的,运动形式是形式因;最终达到的结果是目的因,而研究所有运动技术手段是动力因。探究新动作原则,确立健身健美间的关系是首要任务,其次是通过相关方法论对健身健美操的特征加以考察,并对其本质进行把握,从而界定动作原则。

2. 健身健美操的目的因分析

保持健康、锻炼身体是健身健美操的目的所在,其深层意义是人对美丽、力量及健康的追求。健美是一项需要长期坚持的工程,健身意味着每个时期都要有相应的要求及目的,这是因时因地而变的运动项目,也就是健身健美操所蕴含的意向技术手段及目的之间的矛盾,存在于健身健美操本身,基于实现美丽、力量及健康的目的,健美操又是有着多渠道及方法的多元化运动,这就是爵士舞、现代舞、拉丁有氧健身操、韵律搏击、健美运动等大量存在的原因所在。

完善健美操的不足,根据健美操技术原理,实现从技术形成到成熟的发展,通过进一步完善,使潜力得以充分发挥,健身健美操的不断发展也可以刺激新的社会需求。

3. 健身健美操的动力因分析

动力因推动健身健美操的发展。从潜能到实现的过程是健身健美操实现目的的动态过程,借助动力因健身健美操的形式在质料上得以实现,从而实现健身健美操的目的,技术要求在本质上是健身健美操的动力因,它是根据技术要求,使形式在质料上得到实现。

总之,锻炼要安全有效地进行。比如在开合跳时,错误的动作是足跟不着地,而正确的动作是双脚经前脚掌迅速过渡到全脚掌,跳开落地时在足跟着地前稍屈膝缓冲,比如,脚尖的方向同屈膝时,膝关节的方向还要保持一致,安全得到保证,膝关节不超过支撑脚的脚尖,是屈膝时的角度范围,而当膝关节弯曲太大时,就会塌腰或者上体前倾。①有效的技术手段。健康是锻炼的目的,不论哪种锻炼手段都会取得一定效果。所以,锻炼更具有效性及安全性,这是健身健美操的动力因,不仅在于整体运动中,还在具体的动作中;②练习时采用标准动作。自然方向用力的动作并非简单的维持和自由锻炼,而是通过人的奋斗,采用自然法则为人的发展作出贡献。③基于自然方向的用力。对事实给予尊重,保持正确的心态对安全的自然用力动作进行探讨;通过知识论的观点对自然方向用力的动作加以练习,主体性知识及客观性知识存在差异,比如开合跳落地时,足跟不着地的动作。从主体性的知识讲,可以造成强烈弹动的感觉,事实上是错误的,这是因为人以自己错误的美感观念犯客观性知识错误的结果。

4. 健身健美操的形式因分析

具体的运动形式即形式因。健美操的特色既是有氧运动,也是其独特的风格,该风格表现在动作姿态上,是将躯干放直,保持有力的臂腿,使得外形清晰。这种姿势正确的问题也同样体现在其他的体育项目中,比如跳高技术在田径中,便是借助背越式跳得更高,这样可以使得人体的潜能得到最大限度地发挥,使身体得到更好地锻炼,有效保障人体的健康。使健美操的姿势更具准确性、韵律性及动力性,前提是必须有自己的运动形式。将动作生动连接,使每一拍动作都能清晰可见,这就是动力性,而音乐的节奏与动作产生的对应性,从视觉及听觉上,意象相符且让人充满享受,这就是健美操的韵律性。比如通过对音乐的欣赏,让人如置身草原中,这样通过马匹的动作或强烈的跳跃动作匹配健身健美操的动作,效果自然更好,基于人体运动机能的自然用力动作,呈现出身体姿势,以此使得健身健美操的形式具有准确性、韵律性及动力性的特征,这是该运动项目在价值方面不同于其他项目的地方。

(三)健身健美操动作衔接的科学性原则

音乐伴奏作为背景,健身健美操是一项在音乐的伴奏下,完成集音乐、舞蹈及体操等因素的身体练习,基于一定的原则及规律,完成每个动作的衔接,并通过力度、节奏及形体对动作的美感进行衔接,从而满足符合人体机能的要求,有效消除动作形式认识上的误区,以此增强健身健美操的表现力及优美性得以增强,有效提高健身健美操的健身功能。

1. 健身健美操动作衔接中的"形体"分析

运动过程中,身体或身体各部位在运动中所处的状态,在动作空间概念上称之为形态,也就是姿态。其中,人体各部位的实体形态为其重要因素,比如掌和拳等为手的形态,绷脚尖、直膝、屈膝等是下肢的形态。娇美的艺术美、高立的形态美与雄健等为形体造型,比如健美操中经常出现的造型姿态之一的上肢两臂上举,五指分开动作,但进行练习时,两臂做到充分伸直、拉开肩角,同时配合头略抬,胸稍挺。这样造型挺拔、高立的美感特征得以体现,开阔、矫健的美感,通过弓步的造型,两腿前后开立的距离大,后腿撑直,脚跟不离地等一系列动作得以呈现。

在动作衔接过程中,从一种姿势到另一种姿势,通过四肢、头颈、躯干向某方向运动,形成直线或是曲线的动作路线。一个造型通过每一个瞬间的动作得以呈现,连接无数美的造型,从而给观者视中枢留下"感觉记忆"到"一度记忆"。动作的表现力受到呼吸的影响,而姿势的造型也受到一定程度的影响,胸部的起伏受到憋气或喘息的呼吸形式、平稳或急促、吸气或呼气等不同程度的影响。

基于各节运动的特点,调整身体各部位中的位置,节奏及呼吸方式,从而到达动作衔接及提高动作表现力的目的。比如两臂上举、侧上举、上体抬起等,一般采用吸气,这样胸部上提,更能显示出挺拔,身体或身体某部位向下运动,或者动作从一种姿势到另一种姿势的转换时,则要用呼气来调节。如动作节奏较慢、幅度较大的伸展运动、头部运动等,采用平衡自然的呼吸节奏,身体或某部位向上运动,做跑跳运动时,由于30秒的跑跳使整套操的运动量达到最高峰,一般人的心跳可达到170次/分,此时,一般采用以鼻吸气,以口呼气,配合面部表情的变化,嘴稍张,力求做到呼吸松快,给人以精神饱满、青春焕发的渲染。

在整理运动部分,由于动作慢而轻松,一般采用深而慢的呼吸方式,使心跳逐渐恢复平静,呼吸与动作配合,力求达到完成动作的形式与精神美感的内容和谐统一。

2. 健身健美操动作衔接中的"节奏"分析

从一种姿势到另一种姿势,从时间概念上对动作的理解,然后在一定时间内,通过快慢的形式得以呈现,这就是所谓的节奏。对健美操运动负荷的安排,需要满足人体运动合理的生理曲线要求。所以,由慢渐快的跑跳部分,继而使得速度最快,然后由快向上、向远伸展,给人以积极向上的感觉,其速度较慢,这就是一套完整的健美操速度。即使在某节运动中,速度有着快慢区别,比如四肢做动作时的屈、直形式、所指方向、运动幅度的变化。通常而言,屈臂形式的动作速度较快,直臂时速度则较慢。

总之,拍与拍之间的速度变化,应当符合音乐的节奏变化,韵律的变化是节奏,节奏的深化是韵律。动作从节奏进而达到韵律,使得愉悦的美感效果从视觉上得以呈现,动态的韵律美呼之欲出。

3. 健身健美操动作衔接中的"力度"分析

健美操运动者的动作变化的速度及肌肉用力的熟练程度的外在表现形式,称之为力度。力度感强、积极快速及刚劲有力是健美操的动作特征,制动及加速是相应的表现形式。从一个姿势到另一个姿势的动作,没有平均分配器速度,如果达到姿势的相对造型,则要对肌肉进行制动及加速,从而使动作的力度得以呈现。保持健身健美操动作的健身性,基于动作衔接方面,可对其力度、节奏、形体等动作形式进行剖析,通过指导练习者,教学会更具生动性,以此帮助练习者更好地领悟,更加具体认识健身健美操动作美感及流程性。

第三节　健美操运动的基本动作及科学原理

一、健美操运动的基本动作

(一)竞技健美操基本动作分析

竞技健美操比赛套路始终保持了传统有氧操的特点,规则规定成套动作必须包括七种健美操步伐,但动作规格上稍有别于健身健美操,对关节和四肢的位置要求更高,在完成上强调正确的控制、协调、灵活、流畅的动作变化。

1. 竞技健美操的踏步

腿屈于腿前,髋与膝保持弹动;膝、踝关节放松,落地时脚尖圆滑地过渡到脚跟;上体表现出腰腹的控制力量,保持自然的直立;整个过程感觉向上不下坠。变化:包括角度、高度、方向的变化,如 V 字步、转体步等。

2. 竞技健美操的后踢腿跑

上体保持正直,单腿屈膝向后。摆动小腿,最大幅度的向臀部后屈;髋和膝在一条线上,脚面绷直表现出控制力,落地缓冲时脚尖滚动至脚跟着地。变化:包括各种角度和方向的动作变形。

3. 竞技健美操的吸腿跳

上体保持正直吸腿,摆动腿髋与膝最大限度地弯曲,关节角度不小于90°,达到最高点时小腿垂直于地面,脚尖绷直。变化:包括各个空间、角度、高或低强度的动作变形。

4. 竞技健美操的踢腿跳

屈髋做直腿高踢的动作,屈起腿在髋部前或侧运动,踢起腿的高度不低于肩,支撑腿伸直,动作过程中上体自然直立,脚面绷直。变化:包括各个平面、高度、中或低强度与方向的动作变形,如中踢、高踢和垂直踢。

5. 竞技健美操的开合跳

两腿跳起落地成开立,两脚分开的距离大于肩宽,两脚尖向外分开,膝关节在脚尖方向上弯曲,并腿时,足跟并拢,脚尖向前或外开。这个过程上体保持自然直立,跳起动作控制有力,脚尖过渡至脚跟缓冲。变化:包括各个角度的髋膝关节的高或低强度的动作变形。

6. 竞技健美操的弓步跳

脚部由并拢或分开开始,跳起落地,一腿向后蹬直,一腿弯曲,前后成一条直线,低强度动作时,身体微前倾前腿负重,颈与足跟成一条直线;高强度时双腿前后交替跳动,重心在两脚之间。变化:包括各个空间、角度、高或低强度的动作变形。

7. 竞技健美操的弹踢腿

起始动作为髋部伸展的后踢腿跑,小腿后屈向下方踢腿,摆动腿表现出制动动作,整个过程表现出很好的控制。变化:包括各个空间、角度、方向、高或低强度的动作变形。

(二)健身健美操基本动作分析

目前,健美操的基本动作有很多,也有引进其他项目的内容,都已经被长期使用并发展成健美操常用的基本动作。下面分为三部分进行归纳总结。

1. 健身健美操的基本步法

健身健美操的基本步法根据人体运动时对地面的冲击力大小分为无冲击步法、低冲击步法、高冲击步法。

(1)健身健美操的无冲击步法

将身体重心落于两脚间,没有腾空,两脚一直接触地面的动作称为健身健美操的无冲击步法。

①弹性

膝关节有弹性地屈伸。

②半蹲

两腿分开或并拢,屈膝。

③弓步

一腿向前(侧、后)迈步屈膝,另一条腿伸直。

④提踵

脚跟向上提起,然后还原。

⑤箭步蹲

一腿向前一步屈膝;另一腿屈膝,大腿垂直地面,脚跟向上;重心在两脚之间。

(2)健身健美操的低冲击步法

低冲击步法就是在进行健美操动作时一直保持有一只脚与地面接触。依据它的完成方式可以分为下列四种。

①踏步类

踏步类动作其实就是左右两只脚相互轮流接触地面的动作。

A. 踏步

动作要领——单拍结束此动作。左右两只脚于原地轮流上下。完成技巧——前脚掌先接触地面,然后将全脚慢慢接触地面,按顺序缓冲踝关节、膝关节和髋关节,维持身体肌肉和腰腹的收缩紧致。

B. 一字步

动作方法——四拍结束此动作两只脚按顺序向前一步,然后并拢,再后退一步,最终恢复原来的动作。完成技巧——每一次落地时下肢的关节要按顺序依具体的形势缓冲。

C. V字步

动作方法——四拍结束此动作。把右脚作为例子,右脚往右前方迈进一步,弯曲膝盖进行缓冲。完成技巧——向前迈的脚要先将脚跟接触地面,然后将全脚缓慢地放下,要当心各部分关节的缓冲以及一些弹性动作可以在这其中加入许多不一样的肢体动作。

D. 曼巴步

动作方法——四拍结束此动作曼巴步又可以简要称为漫步。把右脚当作例子,右脚先往前方或者是退后方一步,弯曲膝盖缓冲,把重心置于前方,抬左脚;然后将重心移动于后方,把右脚恢复于原来的动作,稍稍抬起左脚。完成要领——动作过程重心移动不要过大,以免失去节奏控制。完成曼巴步需要四拍,但经常被分为前后1/2漫步以连接其他步法。

E. 小曼巴步

动作方法——六拍完成动作。小曼巴步简称小漫步。把右脚作为例子,右脚往左前方行动1/2漫步后恢复,左脚再向右前方做同样动作。完成技巧——当心在每一个节拍接触地面时的缓解冲击,上肢动作可以做得尽量随意一些,如可以是拉丁舞的舞蹈动作;此外,还能做一个往后方小幅度的漫步。

F. 桑巴步

动作要领——六拍结束此动作。把右脚作为例子,右脚往右方向迈出一步,左脚于右脚后方做1/2漫步,而后左脚再往左方向迈出一步,右脚同样于左脚后方再做1/2漫步。完成技巧——当心在每一个节拍接触地面时的缓解冲击,上肢动作可以做得尽量随意一些,如可以是拉丁舞的舞蹈动作,还可以做桑巴舞步以及跟随节拍随时变换完成动作。

G. 恰恰步

动作方法——两拍动作、把右脚当作例子,右脚迈进一步,后半节拍左脚于右脚后侧迅速地紧随或者是跳起然后并拢步伐,而后右脚继续向前方迈进一步。完成要领——注意节奏的掌握,第一拍两动,第二拍一动;通常和漫步连用。

②迈步类

先将一只脚往前走一步,同时把中心外移,另外一条腿做抬、并、点等动作。

A. 并步

动作要领——两拍结束此动作。把右脚当作例子,右脚往右侧方迈出一步,左脚的前脚面和右脚并拢,稍稍弯曲膝盖呈下蹲样式,然后做反方向动作。完成技巧——完成这一系列的动作需要维持腰部和腹部的稳定,膝部在脚即将接触地面时要按趋势往下弯曲膝盖缓冲。

B. 交叉步

动作要领——四拍结束此动作。一条腿往侧方迈出，另一条腿在这条腿后交叉，稍稍弯曲膝盖，然后再向侧方前进一步，另一只脚点地后并拢；然后做反方向动作。完成技巧——交叉动作是向侧方向运动的健美操主要动作之一，应该尽量让动作的幅度大一些，膝部在脚即将接触地面时要按趋势往下弯曲膝盖缓冲。整个动作的行动期间要维持腰部和腹部的稳定。

C. 迈步后屈腿

动作要领——两拍结束此动作。一只脚往右方向迈出一步，膝盖稍微屈起，另一条腿的小腿向后弯曲，随后可以继续做反方向动作。动作技巧——第一拍迈步落地是需要两只腿都要弯曲的步骤，然后重心应该保持在支撑于地面的腿上，维持关节的弹性限度；另外一条腿向后弯曲勾脚，脚跟要尽可能靠近腿部。

D. 迈步吸腿

动作要领——两拍结束此动作。一只脚往前方或者是往侧方前进一步，另一条腿弯曲抬膝到水平位置，然后恢复为原来的动作。完成技巧——维持关节的弹性限度，收紧腰腹，弯曲膝盖将腿尽量抬高，上半身稍稍往前倾接近大腿。

E. 滑步

动作要领——两拍结束此动作。将右脚当作例子，右脚向右方向迈一大步然后弯曲膝盖站立，左脚侧点地然后滑并于右脚，上半身稍稍向侧面弯曲。完成技巧——这个动作其实是舞蹈动作，所以对于身体运用和形态的条件有很多的限制。维持中心在需要支撑的腿上，上半身向侧方向稍稍弯曲，并且带动上肢作用。

F. 迈步前踢腿

动作要领——两拍结束此动作。一只脚往前一步，另一脚向前下弹踢，然后两脚依次还原。完成要领——弹踢腿时关节不要强直，保持重心稳定，腰腹收紧。

G. 迈步侧踢腿

动作方法——两拍完成的动作。以右脚为例，右脚迈一步，左脚向左侧踢出，然后接反方向。完成要领——弹踢腿时关节不要强直，脚面向上，保持重心稳定，腰腹收紧。

③点地类

一条腿屈膝站立，另一条腿伸出，用脚尖或脚跟点地后还原到并腿位置。

A. 脚跟前点地

动作方法——两拍结束此动作。一只脚稍稍地弯曲站立,另外一只脚往前点地,此后恢复原来的动作。完成技巧——将重心一直放在腿的撑持上,腰腹维持稳定。

B. 侧点地

动作要领——两拍结束此动作。将右脚作为例子,左腿稍稍弯曲膝盖站立,右腿的脚尖向右侧点地,最后恢复原来的动作。完成技巧——重心一直放在支撑的那条腿上,腰腹维持稳定,动力脚往远延伸,脚背向前。

④抬起类

将一条腿作为根基撑于地面,另外一条腿通过支腿或者屈腿的方式往上抬起。

A. 吸腿

动作要领——两拍结束此动作。将一条腿作为根基支撑于地面,另外一条腿弯曲膝盖往上抬,然后恢复原来的动作。完成技巧——维持身体的稳固性和腿支撑的弹性缓解。

B. 踢腿

动作要领——两拍结束此动作。将一条腿作为根基支撑于地面,另一条腿往前或者是往侧方向踢,然后恢复原来的动作。完成技巧——维持身体的稳固性与腿的支撑。

(3)健身健美操的高冲击步伐

高冲击步伐是指有一瞬间双脚同时离开地面的动作,有腾空的动作。

①迈步跳起类

A. 并步跳

动作要领——将右脚当作例子,右脚向前迈一步并蹬地起跳,左脚和右脚相并,然后两脚一齐落地。完成技巧——单脚起跳,双脚一起落地,在起跳到空中时要维持身体的姿态,落地时要弯曲膝盖进行下一个动作的缓冲。

B. 上步吸腿跳

动作要领——右脚向前迈一步并蹬地起跳,另外一条腿跟随右腿一起,最后单脚落地。完成技巧——单脚起跳,单脚落地再起跳到空中时要维持身体的姿态,落地时要弯曲膝盖缓冲下一个动作的进行。

C. 开合跳

动作方法——四拍完成的动作。双脚并拢屈膝向上起跳,落地成开立,再向上起跳,两腿并拢还原。完成要领——双脚起跳,落地开立脚尖向外转开,脚尖膝盖同一方向,屈膝缓冲,空中保持身体状态。

D. 弓步跳

动作方法——单拍完成的动作。两腿并拢起跳,落地后一条腿在前一条腿在后成弓步,或半侧面弓步。完成要领——双脚起跳,落地时成弓步,身体保持直立,前腿屈膝缓冲。

②单脚起跳类

A. 弹踢腿跳

动作方法——两拍的动作。右腿抬起前屈,左脚起跳同时将右膝伸直(侧、后)踢出,然后右脚落地同时左腿后屈,反方向动作重复。完成要领——弹腿时,大腿先发力,小腿再弹出,有控制地向前下方延伸。

B. 后踢腿跑

动作方法——两脚经过腾空后,一脚落地,另一脚后屈膝,反方向重复。完成要领——单脚起跳、单脚落地、屈膝缓冲、保持身体直立状态。

C. 小马跳

动作方法——两拍完成的动作。右脚抬起,左脚蹬地离开地面跳起后向侧跳一小步,左右脚依次落地并交换腿小跳,至右脚站立,左脚脚尖点地。完成要领——单脚起跳,依次落地口交换腿动作,脚踝弹动缓冲,保持身体直立姿态。

2. 健身健美操的上肢动作

上肢动作包括基本手型和常用的上肢动作。它既能使动作变化多样,又能改变动作的强度和难度,提高观赏价值。

(1)上肢动作的基本手型

①并掌

五指并拢伸直,指关节不能弯曲。

②开掌

五指用力分开伸直。

③花掌

花掌又叫西班牙手型。分掌的基础上,从小指依次内旋,形成一个扇面。

④立掌

手掌用力上屈,五指指关节自然弯曲。

⑤一指

拇指与中指、无名指、小指相叠,食指伸直。

⑥剑指

拇指与无名指、小指相叠,中指与食指并拢伸直。

⑦响指

无名指、小指屈,拇指与中指、食指用力摩擦打响。

⑧拳

四长指握拳,拇指第一关节扣在食指与中指的第二关节处。

⑨舞蹈手型

应用拉丁舞、西班牙舞、芭蕾舞等手型。

(2)常用的上肢动作

①屈

关节角度减小,如肘关节屈、肱二头肌收缩。

②伸

关节角度增大,如肘关节伸、肱二头肌伸展。

③上提

屈臂或直臂的由下举提至胸前或体侧、三角肌收缩。

④下拉

屈臂或直臂的由上举或侧举拉至胸前或体侧。

⑤摆动

以肩关节为轴,屈臂(直臂)180°的同时或依次运动。

⑥屈臂摆动

屈肘在体侧自然地摆动,可同时摆动或一次摆动。

⑦冲拳

屈臂握拳由腰间同时或依次冲至某位置。

⑧推

手掌由肩侧同时或依次冲至某位置。

⑨振

肩、胸、肘关节小幅度快速做振臂式的屈伸。

⑩绕和绕环

以肩关节为轴,手臂 180°～360°之间的运动为绕;大于 360°以上的动作为绕环。

⑪交叉两臂重叠成X型。

3.健身健美操的躯干动作

在健美操练习中躯干部位通常起到稳定身体的作用,因此肌肉力量的平衡尤为重要。发展躯干肌肉的方法有很多,可徒手、使用轻器械或固定器械。下面分为几点来介绍发展躯干肌肉的基本动作和方法。

(1)头颈部的基本动作和方法

①屈

头颈关节角度的弯曲,包括前屈、左屈、右屈。

②转

头颈部绕身体的垂直轴的转动,包括左转、右转。

③绕

头以颈部为轴心的弧形运动,包括左绕、右绕。

(2)胸部的基本动作和方法

①含展胸

直臂或屈臂做内收动作,通常与手臂的外展结合进行。

②左右移胸

两臂侧平举,胸部左右水平移动。

(3)肩部的基本动作和方法

①提肩

肩胛骨做向上的运动。

②沉肩

肩胛骨做向下的运动。

③绕肩

以肩关节为轴做小于360°的运动。

④肩绕环

以肩关节为轴做360°圆形动作。

(4)背部的基本动作和方法

①背部肌肉

背部肌肉主要有背阔肌、斜方肌、菱形肌和大圆小圆肌,当其收缩时,可使肩关节外展、下沉,使臂伸和在垂直方向内收。

②外展

屈臂或直臂做外展动作,通常与臂的内收结合进行。

③上举下拉

两臂由侧面上举下拉至髋侧。

(5)腰腹部位的基本动作和方法

①腰屈

髋部不动,上提前屈或后屈。

②屈髋

上肢不动,髋向前或侧屈。

③转腰

下肢不动,上体沿垂直轴的扭转。

二、健美操运动的科学原理

(一)健美操动作人体肌肉活动的原理

要提高健美操锻炼的科学性,首先要了解健美操运动为什么会增长肌肉以及肌肉活动的原理。

1.人体肌肉系统认知

首先了解人体的肌肉系统以及其位置与功能。

(1)斜方肌

斜方肌位于项背部皮下,一侧成三角形,两侧相合成斜方形。机能:近固定时,上部纤维收缩,使肩胛骨上提、上回旋、后缩(靠近脊柱);中部纤维收缩,使肩胛骨后缩;下部纤维收缩,使肩胛骨下降、上回旋。远固定时,一侧上部收缩,使头向同侧屈和向对侧回旋;两侧收缩,则使头和脊柱伸直。

(2)背阔肌

背阔肌位于腰背下部皮下,为人体最大的阔肌。上部被斜方肌所遮盖。机能:近固定时,使上臂伸、内收和旋内。远固定时,可将躯干向上臂拉引,还可提肋,辅助吸气。

(3)胸大肌

胸大肌位于胸前浅层,为扇形扁肌。机能:近固定时,可使上臂屈、内收、旋内。远固定时,拉引躯干向上臂靠拢,还可提肋,是辅助吸气肌。

(4)前锯肌

前锯肌位于胸廓侧面。机能:近固定时,使肩胛骨前伸、上回旋。此肌与斜方肌上部共同作用,使上臂上举到垂直部位。远固定时,可提肋,是辅助吸气肌。

(5)三角肌

三角肌位于肩关节前外后方,是一块三角形的肌肉。机能:近固定时,前部纤维收缩,使上臂屈和旋内;中部纤维收缩,使上臂外展;后部纤维收缩,可使上臂外旋。三部纤维同时收缩,可使上臂外展。此外,该肌对加固和稳定肩关节有重要的作用。

(6)肱二头肌

肱二头肌位于上臂前面,上部被三角肌、大胸肌遮盖,属梭形肌,有长、短二头。机能:近固定时,屈上臂和使前臂屈和外旋,当前臂外旋时,屈的作用最大。远固定时,使上臂向前臂靠拢。

(7)肱三头肌

肱三头肌位于肱骨后面。有三个头:长头、外侧头、内侧头。机能:近固定时,伸上臂和伸前臂,该肌是伸前臂的主要肌肉。

(8)前臂肌

前臂肌多为具有长腱的长肌,分前、后两群,每群又分为深浅两层:第一,前群:位于前臂的前面及内侧。机能:主要是屈腕、屈指和使前臂内旋。第二,后群:位于前臂的后面及外侧。机能:主要为伸腕、伸指和使前臂外旋。

(9)臀大肌

臀大肌位于骨盆的后外侧面。机能:近固定时,伸大腿且外旋。该肌上半部可使大腿外展,下半部则使大腿内收。远固定时,一侧收缩,使骨盆转向侧面,两侧收缩,使骨盆后倾。

(10)股四头肌

股四头肌位于大腿前面,由四个头即股直肌、股中肌、股外侧肌、股内侧肌组成。机能:近固定时,可伸小腿,是伸小腿唯一的一块肌肉,股直肌还可屈大腿。远固定时,可使大腿在膝关节处向前伸,保持肌骨垂直位。所以,该肌也是维持人体直立的一块主要肌肉。

(11)股二头肌

股二头肌位于大腿后面外侧。有长短两头。机能:近固定时,可使小腿屈和外旋。小腿伸直时,长头可使大腿后伸。远固定时,可使大腿在膝关节处屈(牵拉股骨向后),在小腿伸直时,则使骨盆后倾。

(12)小腿三头肌

小腿三头肌位于小腿后面浅层,由腓肠肌和比目鱼肌组成。腓肠肌在浅面,比目鱼肌在深面。机能:远固定时,使股骨下端和胫骨、腓骨上端拉后方。该肌也是维持人体直立的一块主要肌肉。在走、跑、跳时,小腿三头肌对屈足起到重要作用。

2.肌肉活动的基本原理

(1)肌肉生长原理

①肌肉增长与年龄的关系

人体肌肉的增长是随年龄增长而不断变化的,可分为快速增长、相对稳定和明显下降三个阶段。男子从出生起,随着机体不断生长发育,肌肉逐年增长,25岁时达到最高值,以后又逐年缓慢下降。女子22岁左右达到最高值,少年时期肌肉的含水量比成人高,而肌肉蛋白能源物质等的贮备比成人低,肌纤维较细,肌力弱、耐力差,易于疲劳。年龄越小与成人的差异越大,所以,年龄较小的少年不宜进行长时间、大运动负荷、高强度的肌肉训练。进入青年期后,肌肉增长相对稳定,这时进行大运动负荷、高强度的训练效果最好。在肌肉明显下降期进行训练效果相对要差一些,但只要身体正常健康,坚持适当的肌肉训练仍能取得较好的效果。进行健美操训练,关键是要根据肌肉不同的发展阶段和自身情况,掌握好肌肉负荷的强度和运动负荷,避免训练不足和过度训练,这样才能促使肌肉不断增长。

②肌肉增长的解剖学基础

肌肉的粗细决定了肌肉力量的大小,衡量肌肉发达程度的指标是肌肉的生理横断面。换言之,肌肉中的肌纤维数量多且粗壮,肌肉的生理横断面大,肌肉就发达。肌肉主要是由蛋白质构成的,生理横断面受后天因素的影响很大。健美操训练能使肌纤维增粗,肌肉的生理横断面增大,原因就在于训练能刺激肌肉,使蛋白质的合成代谢更加旺盛,从而为肌肉生长提供了物质保证。

③肌肉增长的生理学基础

肌肉不断增长要靠长期艰苦训练的积累。训练时,体内各组织细胞消耗了大量能量物质,这些能量物质只有在训练后通过休息和营养物质的补充,使合成代谢超过分解代谢,才能逐步得到恢复。恢复在一定时间内会超过原来的水平,出现所谓"超量恢复"。研究证明,在超量恢复阶段进行下一次训练,效果最好。能量消耗的多少和恢复的快慢同肌肉活动的剧烈程度密切相关。在一定范围内,肌肉活动量越大,消耗过程越剧烈,超量恢复就越明显。所谓"在一定范围内"是指运动负荷不能过大,否则能量消耗过多,不易恢复。长期过大还会造成训练过度,甚至出现伤害事故。只有掌握好、运用好超量恢复的规律,遵守循序渐进的原则,才能使肌肉稳步增长。

④肌肉增长的生物化学基础

经常进行健美操锻炼的人与普通人相比,肌肉里的能量物质三磷酸腺苷和磷酸肌酸要多,血管更丰富,耐酸能力和无氧酵解能力更强。训练水平越高,能量贮备越多,运动的耐受能力越强,肌肉中新生的毛细血管也越多。毛细血管增多,可使肌肉中的血流量增加,新陈代谢加快,同时也增加了肌肉的体积。所以只有坚持长期的健美操训练,才能加强肌肉的物质代谢,提高肌肉的能量贮备、使肌纤维增粗、增多,肌肉块增大。

(2)人体运动的能量消耗与供应

人体运动时,能量消耗明显增加,增加的情况决定于运动强度和持续的时间。人体活动的直接能源来源于三磷酸腺苷(ATP)的分解,如神经传导兴奋时的离子转运,腺体的分泌活动,消化道的消化吸收,肾小管的吸收,肌肉收缩等。而最终的能量来源于糖、脂肪和蛋白质的氧化分解,氧化分解释放的能量供ATP的重新合成。

①在各种运动中所需的三磷酸腺苷分别由三种不同的能源系统供给

第一,高能磷酸化物系统(ATP－CP);第二,乳酸系统(无氧酵解系统);第三,有氧系统。

②根据肌体的供氧情况,糖的氧化分解有两种方式

第一,当氧供应充足时,来自糖(或脂肪)的有氧氧化;第二,当氧供应不足时,即来自糖的酵解,生成乳酸。乳酸在最后供氧充足时,一部分继续氧化,释放的能量使其余部分再合成肝糖原。所以肌肉收缩的最终能量来自物质(糖、脂肪)的有氧氧化。运动时,人体以何种方式供能取决于需氧量和摄氧量的相互关系,当摄氧量能满足需要时,肌体即以有氧代谢供能,当摄氧量不能满足需氧量时,其不足部分即依靠无氧氧化供能,这样将造成体内的氧亏负,称为氧债。运动时的需氧量取决于运动强度,强度越大,需氧量越大,无氧代谢供能的比例也越大。

(二)竞技健美操难度动作分类及技术

竞技健美操在我国得到了迅速发展,同时,随着技术水平的提高,对难度动作的要求也越来越高,它是竞技健美操实力的表现,是裁判员进行评分的重要因素之一。难度动作技术的准确性直接影响动作质量及成套动作的效果。难度动作水平的提高是随着竞技健美操运动竞技水平的提高而提高的,是规则要求的产物。运动员要取得好的成绩,就必须按规则最高一级的难度数量、水平进行设计编排。难度动作是运动员素质的综合体现,只有具备了良好的身体素质,才具有完成难度动作的能力。因此,每个竞技健美操教练员和运动员均应认真研究动作的技术,讲究技术动作的科学性、合理性,力求以最佳技术最有效地完成动作。一定数量的难度动作是比赛取胜的基础,而高质量的难度动作则是比赛取胜的关键。

1.运动技术的特点

运动技术是指符合人体运动科学原理,能充分发挥身体潜在能力,有效完成动作的合理方法。国内外许多专家学者对运动技术的本质和特点进行了研究,对于竞技健美操运动技术来说,运动技术具有以下特点。

第一,技术寓于各种基本步伐和难度动作之中,运动技术必须在特定的时间内通过具体的动作来表现。

第二,技术的合理性包括符合人体运动的力学规律和生物学规律及解剖学方面的要求。

第三,技术是一种理想的"模式",既要反映人体运动的一般规律,又要反映运动员的个人特点和风格,这种共性与个性的统一才是最佳的技术。

第四,技术水平具有相对性,随时间的发展而发展,始终处于一个动态过程中。随着各国竞技健美操水平的提高,各种新的难度动作不断涌现,世界竞技健美操委员会每年都会公布一次新评价的难度动作表,以促进竞技健美操难度动作的发展。

在技术训练中,必须考虑上述技术特点,以免造成思想方法上的片面性,影响技术训练的效果。

竞技健美操难度技术是指在音乐的伴奏下,运动员利用身体内在力量改变身体各个部位的相对位置,保证身体重心沿着一定的轨迹运动,完成较复杂的难度较大的动作,以符合动作本身要求的方法。

2. 难度动作技术类别与特征

(1)技术类别

根据国际体操联合会国际竞技健美操竞赛规则规定,竞技健美操成套动作中必须包括以下各组难度动作。

①动力性力量

动力性力量包括俯卧撑类、文森俯卧撑类、俯卧撑腾起类、提臀起类、分切类、成分腿高直角支撑类、旋腿类、托马斯类、开普类。

②静力性力量

静力性力量包括分腿支撑类、直角支撑类、锐角支撑类、文森支撑类、肘撑类、水平支撑类、分腿支撑(转体)、单臂分腿支撑(转体)、直角支撑(转体)、单臂直角支撑转体、分腿直角支撑(转体)、高直角支撑(转体)、锐角支撑、后举腿静力文森支撑、分腿水平肘撑(转体)、单臂分腿水平肘撑(转体)、水平肘撑、单臂分腿水平肘撑(转体)、分腿水平支撑、水平支撑。

③跳与跃

跳与跃包括跳转类、自由倒地类、燕式平衡成俯撑类、团身跳、分腿跳类、科萨克跳类、屈体跳类、纵劈腿跳类、横劈腿跳类、剪踢类、剪式变身跳类。

④平衡与柔韧

平衡与柔韧包括转体、平衡、高踢腿、纵劈腿、横劈腿、依柳辛、开普类。

混双、三人、六人最多允许做 12 个难度动作,单人最多允许做 10 个难度动作。难度动作任选;但在国际(高水平)赛事中,0.1 和 0.2 的动作不计。

(2)技术特征

竞技健美操难度动作技术特征是竞技健美操运动项目存在的基础,是竞技健美操运动独具特色的本质体现,也是竞技健美操运动的魅力所在。根据国际健美操竞赛规则和竞技健美操运动的发展趋势,竞技健美操难度动作技术特征主要体现在发力技术、落地缓冲控制技术和身体姿态控制技术三个方面。动力性的跳跃类难度动作的主要技术特征为发力技术和缓冲技术;静力性的支撑类和柔韧与变化类难度动作的主要技术特征为身体姿态控制技术。

①发力技术

腾空前的发力技术是完成跳跃类动作的关键所在。对于竞技健美操来说,腾空前的技术需要良好的爆发力,要求神经系统先在极短的时间内进行离心收缩(缓冲),紧接着迅速转为向心收缩(蹬伸)并在这一过程(拉长—缩短周期)中发挥出力量,从而获得较好的腾空高度,腾空前的发力分为着地缓冲阶段与蹬伸阶段。

②落地缓冲控制技术

竞技健美操的落地缓冲控制技术要求脚着地时,由前脚掌过渡到全脚掌,然后迅速屈膝、屈髋缓冲,所有动作在瞬间依次完成,同时,保持良好的身体姿态,如分腿跳、跨跳、团身跳等。动作需要手触地时,要求由掌跟过渡到全手掌,然后迅速屈肘缓冲,保持该类难度动作应有的身体姿势,如倒地俯卧撑等动作。竞技健美操难度动作缓冲控制技术的目的不仅是使运动中的身体尽可能保持稳定,减少地面对关节、肌肉的冲击力,避免造成运动损伤,更重要的是,这种落地缓冲控制技术是保证身体重心节律性弹动技术实现的重要基础。

③身体姿态控制技术

身体姿态控制技术是指在成套动作中,无论动作如何复杂多样,难度要求多大,身体姿态要求始终控制在良好的姿态位置,始终保持躯干、腰、髋的自然位置和稳固性,始终保持腹肌的收缩和背部的平直姿态,脊柱要始终保持正位。即使在长时间复杂多样的难度动作与步伐动作组合完成过程中,整个身体良好的姿态都不应被破坏。规则要求,在完成难度动作、复杂的健美操步伐、动作组合及过渡时,要展示保持正确的身体姿态的能力。保持正确的身体姿态控制是规则中完成情况评价的重要依据,要做到具有很强的保持身体姿态控制技术的能力,主要体现在以下三点。

第一,身体姿态位置应标准。良好的姿态应保持头部正直,向上顶头、背平、收腹、夹臀、肩部放松,脚、膝自然站立,腿部屈膝动作时角度应保持直角,脊柱始终呈正立位,从姿态美的角度来要求两脚只要离地就必须绷脚尖。对于难度动作来说,要根据竞技健美操比赛规则规定,按照标准完成对身体姿态的控制。在竞技健美操竞赛规则中,有对每一类难度动作的总体描述和对单个动作的具体要求,在总体描述中,主要强调在完成动作的过程中,应该注意哪些关节屈伸和关节间的相对位置以及肌肉的工作状态。在单个动作的描述上则提出更具体的要求和注意事项。因此,运动员要明确难度动作的要求,在理论指导实践过程中提高身体素质,掌握不同难度动作身体姿态的控制技术,从而做到完美完成难度动作,体现竞技健美操运动的魅力。

第二,身体重心要始终处于正确的位置。运动中,身体重心不可能永远保持一个位置,而是随运动的方向变化而变化,由于重力作用与运动所产生的力的作用就会使身体重心位置产生变化。从难度动作的开始到结束,由于运动方向和运动幅度的改变,身体重心也在不断变化着。运动员只有掌握了在不断变化的环境中(包括空中、地面、站立转换)控制身体重心的能力,才有可能将注意力转移到身体姿势的控制上,从而提高动作的质量,完美完成难度动作。因此,在完成难度动作时,要根据不同难度动作的具体要求,在控制身体重心的基础上,达到对身体姿态的控制,保持重心上提,即使是身体向下运动时,也要保持身体向上挺拔的姿态。

第三,身体重心要保持平稳。人体运动时持续保持身体重心平衡和稳定是至关重要的,尤其是在做难度动作时,身体重心更不容易控制。在完成竞技健美操动作的过程中,身体的平衡是保证运动安全与平稳和流畅的重要因素,也是体现竞技健美操运动技术特征的前提。在竞技健美操运动中,身体重心容易出现偏斜,因此、要靠维持原有的平衡与克服运动所产生的倾倒来保持动作的稳定性,尤其是在动作移位和三维空间转换时,保持良好的身体重心平稳是非常重要的。

综上所述,竞技健美操难度动作技术特征是竞技健美操运动技术独特性的具体体现,是竞技健美操项目独一无二的运动魅力所在。因此,要实现竞技健美操项目进入奥运会的目标,就必须尊重和遵守相关健美操评分规则,确保竞技健美操运动按照其自身独特的运动技术特征发展。

第二章　健美操教学系统构成要素与操作程序

第一节　健美操教学的学科理论基础

一、健美操教学的生理学基础

健美操教学的教学过程中离不开健美操动作的学练,要使学生正确、高效地完成健美操身体活动,就必须了解和掌握人体运动的生理学相关知识。

（一）人体运动的生理本质

从生理学角度来看,健美操技术形成的生理机制是以人的大脑皮层运动为基础的运动条件反射暂时性神经联系,这一生理学原理指导着运动者学习和掌握健美操技术。研究认为,健美操技术形成的生理本质是以人的大脑皮层运动为基础的运动条件反射暂时性神经联系,是一种神经运动条件反射。

1. 第一次学习健美操技术动作的生理活动过程

具体来说,从学生看到教师的健美操技术动作示范,到学生模仿健美操技术动作,该学生的生理活动程序具体如下。

第一,大脑皮层形成动作的粗略"草稿"。

第二,大脑把接收到的信息（技术动作结构、用力方向、注意事项等）传到小脑和基底神经节。

第三,小脑接收信息,经过小脑的协调和基底神经节的思考,把"草稿"转变成具体时空操作"计划"。

第四,"计划"通过视丘中枢到达皮层运动区。

第五,皮层运动区发出命令下传到脊髓神经元。

第六,神经元接收"上级指令"后,由骨骼肌执行,形成具体的技术动作。

第七,针对动作技能的感官感受到模仿出动作,整个过程中,如果大脑发现错误信息,会通过本体感受器将信息反馈到中枢神经系统,大脑重新纠正错误动作信息,并发出正确的指令调节身体完成正确动作。

2. 健美操技术动作从初练到熟悉掌握的生理活动过程

健美操学练的过程就是通过合理安排各种身体活动,长期对运动者进行运动刺激的过程,通过长期重复的运动刺激,最终使机体完成了对健美操技术动作的特定生理反应,即技术动作的条件反射。

机体不断形成新条件反射的过程就是机体学习新的健美操技术动作的过程,也是学生完成健美操学练的过程。

健美操技术的学练过程就是上述生理过程不断重复的过程,通过反复学练,机体对健美操技术动作由不熟悉,到逐渐熟练,再到动作自动化的条件运动反射。则学生熟悉掌握了健美操技术动作。

(二)健美操学练过程中的物质代谢

人体物质代谢能为机体生命活动和运动提供必要的营养,并在代谢过程中提供能量,将机体活动和运动的代谢废物排出体外,使机体尽量保持适应机体活动和运动的良好生理状态。

结合人体所需六大营养物质,健美操学练过程中,运动者的体内营养物质的生理代谢过程具体如下。

1. 糖代谢

(1)糖的合成代谢

有机体中,糖的合成有两种形式,一种是血糖合成糖原,成为大分子的糖,储存在肝脏中成为肝糖原、肌糖原。另一种是肝脏将体内的一些非糖质物质(如乳酸、丙氨酸、甘油等)合成葡萄糖或糖原。

(2)糖的分解代谢

人体从食物中摄取糖,在消化酶的作用下,转变为可吸收的葡萄糖分子,经小肠黏膜的上皮细胞葡萄糖运载蛋白转运进入血液,成为血液中的葡萄糖——血糖,运动中,人体储存的各种形式的糖经过有氧氧化、酵解,释放能量,满足运动需求。

2. 脂代谢

人体中,脂肪的代谢过程具体如下。

(1)水解

脂肪在体内水环境中被酶解。

(2)转化

被酶解后的脂肪形成甘油、游离脂肪酸和单酰甘油,少量的二酰甘油和未经消化的三酰甘油。

(3)吸收

人体对脂肪的吸收主要有两种方式。小肠上皮细胞,直接吞饮脂肪微粒或脂肪微粒的各种成分,形成乳糜微粒,之后被吸收。乳糜微粒和分子较大的脂肪酸进入淋巴管,溶于水环境,扩散进入毛细血管。

(4)储存

人体吸收的脂肪主要存在于皮下、大网膜、肌肉细胞中或转化储存:如合成磷脂生成细胞膜;合成糖脂生成细胞膜和神经髓鞘;合成脂蛋白进入血液。

(5)分解

脂肪可通过分解代谢供能为人体活动提供能量。健美操学练期间,根据机体运动需要,毛细血管的脂肪分解,为运动提供能量。

3. 蛋白质代谢

(1)蛋白质的合成代谢

人体中,蛋白质按照DNA模板上核苷酸排列顺序转录成mRNA(一类单链核糖核酸),接收了DNA遗传信息的mRNA,在tRNA(一类小分子核糖核酸)、rRNA(核糖体RNA)的参与下,翻译成蛋白质中氨基酸的排列顺序。

(2)蛋白质的分解代谢

有机体内,蛋白质分子在消化液的作用下分解成氨基酸,被小肠吸收,再通过毛细血管进入血液。此后,氨基酸再经脱氨基作用,分解生成氨、二氧化碳和水。这一过程伴有能量产生,可为机体参与一定的生理活动提供所需能量。

4. 维生素代谢

维生素是人体必需营养物质,在人体内不能合成,需要通过食物供给。

维生素参与和维持人体生长发育和代谢活动。健美操学练过程中,维生素参与机体的物质和能量代谢过程,可影响机体运动,如果运动中机体缺乏维生素,可引起机体代谢失调,导致运动能力降低。

5. 无机盐代谢

无机盐也称矿物质,在人体中,一部分无机盐存在于骨骼中(如钙、镁、磷元素等),作为结构物质,另一部分无机盐在人体液体环境中以离子形式存在,被称为电解质(如钙、镁),电解质可调节体内渗透压和维持酸碱平衡,是维持机体生命代谢的基础。

无机盐的代谢排出主要形式是出汗,运动过程中,机体会出汗,电解质会随出汗而流失,如果无机盐大量流失可导致肌肉无力、抽搐和心律失常,因此运动期间要注意补盐。

6. 水代谢

水在人体中占 70%，是维持机体正常生命活动的重要物质基础。人体的水分主要来源于食物和饮水，还有一小部分水是由体内物质代谢过程中产生的。人体的水可通过机体活动代谢排出，主要通过皮肤、肺以及随粪便排出。

健美操学练中，水主要是以出汗的形式流失，大量出汗可导致机体失水并引起机体不适，运动期间要注意科学补水。

(三)健美操学练过程中的机体供能

1. 磷酸原系统代谢供能

机体内 ATP(三磷酸腺苷)、CP(磷酸肌酸)可以通过高能磷酸基团的转移或水解释放大量的能量，ATP、CP 分解释放能量和再合成的过程，称为磷酸原或 ATP-CP 供能系统。

(1) ATP

ATP 是肌肉活动、细胞活动唯一的直接能源，ATP 水解的放能反应可以为人体的各种生理需要提供能量。同时，ATP 也是人体参与运动过程中的重要能量物质来源。

(2) CP

CP 分解释放能量用于重新合成 ATP，它在人体内的储存量有限，可在极高强度肌肉活动中消耗殆尽。

(3) ATP-CP 系统

CP 和 ATP 属于大分子物质，不能被人体吸收，不能直接用作营养补剂。ATP-CP 系统的能量物质可储存在肌细胞中，可被细胞快速、直接利用，能量输出功率高。

健美操学练中，ATP-CP 供能为机体完成健美操运动学练提供运动能量。

2. 糖酵解系统代谢供能

糖酵解的原料是肌糖原，可在无氧的条件下分解供能，并产生乳酸，故称乳酸能系统。具体来说，在氧供应不足的情况下，人体骨骼肌糖原或葡萄糖酵解，生成乳酸并释放出能量合成 ATP，用于补充在运动中消耗的 ATP，维持运动的继续进行。

糖酵解系统的缺氧供能可供体内急需，但不能满足机体持续时间在 10 秒以上大强度运动所需能量。

3.有氧氧化系统代谢供能

在机体氧气供应充足时,糖、脂肪和蛋白质均可进行氧化分解,释放能量。这种过程被称为有氧代谢过程,形成有氧氧化供能系统。

糖、脂肪和蛋白质的有氧代谢供能过程具体如下。

(1)糖的有氧代谢

运动中,氧供应充足时,肌糖原或葡萄糖可被彻底氧化分解成 CO_2 和 H_2O,并释放大量能量。

(2)脂肪的有氧代谢

运动中,脂肪可分解供能用于重新合成 ATP。1 摩尔棕榈酸经氧化后能够产生 130 摩尔 ATP。要完全氧化 1 摩尔棕榈酸,人体要摄取 23 摩尔(515.2 升)氧气。以脂肪作为燃料,每重新合成 1 摩尔 ATP,人体便要摄取 512.2÷130=3.96 升的氧气,比用糖原作为燃料时消耗多约 15% 的氧气。

人体内贮存的脂肪参与供能只能通过有氧代谢这一途径,因此,参与健美操这一有氧运动可实现燃脂瘦身效果。

(3)蛋白质的有氧代谢

蛋白质供能较少,不是人体运动的主要能量来源,主要是身体极端状态下(如处于饥荒、糖原消耗殆尽)或非同寻常的耐力项目(如健美操)中,作为燃料重新合成 ATP。

人体中,氨基酸经脱氨基作用,生成氨、二氧化碳和水,此过程伴有少量能量的产生。

人体的各个供能系统都有其独特的特点和供能能力。健美操运动学练属于有氧运动参与,运动过程中,机体的供能主要是有氧供能。

二、健美操教学的心理学基础

健美操教学过程中,教师和学生的心理因素和心理活动变化会直接影响健美操教学活动是否能顺利开展,影响健美操教学是否能获得良好的教学效果。因此,对于教师和学生来说,作为教学活动的双方,了解健美操教与学过程中的心理及其变化是十分重要的。健美操教学的心理学理论知识能为教学中师生树立正确的教、学心理,教师在健美操教学中进行科学教学引导提供理论指导。

(一)健美操学练的心理影响因素

1. 动机

(1)动机的概念与分类

动机是人体的内在心理,可引起行为产生,促进个体达成某种目标,了解个体的动机,有助于引导和促进个体活动行为的实施。

动机有多种不同类型,根据不同的分类标准,动机的分类和表现不同。结合个体的不同动机类型,可有针对性地创造引发个体动机的因素与条件,促使个体倾向于完成某种活动,如参与健美操学练。

(2)健美操学练动机的培养

在健美操教学中,教师了解学生的健美操学练动机情况,有助于教师结合不同学生的需求组织健美操教学活动与安排健美操教学过程,以充分调动学生健美操学练的积极性与主动性。

健美操教学中,学生的健美操学练动机激发,具体措施如下。

第一,满足学生的乐趣需要。健美操学练的过程就是不同的健美操技术动作不断重复练习的过程,这一过程持续时间久,这时就需要教师调整教学内容与方法,使健美操教学活动变得生动有趣,以调动学生的健美操学练的积极性。

第二,通过强化手段培养动机。通过强化手段(如奖励、荣誉),激发学生的外部动机,使其积极参与健美操学练。

第三,通过教师的正确健美操运动参与态度、体育观念的建立,使学生认识到健美操学练的必要性、重要性及意义,进而主动参与健美操学练。

2. 情绪

情绪是个体的重要心理活动因素,对个体的行为产生、行为过程具有重要的影响。

心理学认为,良好的情绪可以起到"增力"作用,如明显地提高人的活动能力能促进人体运动能力的增强,使人精神焕发、积极主动、坚韧不拔、持之以恒。

因此,在健美操教学中,教师应注意时刻观察学生的情绪,注意学生的情绪管理,以确保学生的运动安全,并在此基础上,注意学生的上课情绪调节和健美操学练情绪正向引导。

3. 注意力

注意力是个体心理活动对一定对象的选择性指向和集中,是个体的一种心理状态。

个体的注意力直接会影响运动技能学练,具体到健美操教学过程中,学生的注意力对其健美操学练的过程与效果均具有重要影响。

注意力是个体学习能力和运动能力的重要组成内容,是优秀健美操运动者必须具备的心理能力,良好的注意力可使学生在参与健美操学练中更加集中精力,可促进学生更好地完成健美操学练任务,对于完成正确的动作定型和避免训练损伤意义重大。

4.意志力

意志与行动之间具有密切的关系,它是人为了实现既定目标而支配自己的行动,并且在行动时自觉克服困难的一个心理过程。

就学生的健美操学练和学生的意志力二者之间的关系,具体分析如下。

(1)学生意志力对其健美操学练的影响

科学参与健美操学练能使学生拥有坚强的意志品质,可促进学生坚持完成训练任务、提高身体素质水平。

首先,在健美操学练中,学生机体肌肉有时会处于非常高的紧张程度之下,并且需要完成各种不同难度的动作,此时意志努力能够满足完成动作的需要。

其次,面对健美操学练中的各种困难(如长期训练的坚持、高难技术动作的完成),在意志努力作用下,克服外部和内部干扰。

再次,学生参与健美操运动,需要学生的机体各系统全面运转,容易导致疲劳,甚至损伤,意志坚强者能够克服由于疲劳和损伤而产生的消极情绪和不集中的注意力,使学生坚持完成训练任务。

最后,对于健美操初学者来说,基础薄弱者,面对一些技术难度高、高强度的负荷会有畏惧心理,坚定的意志可以帮助学生克服这种不良心理,进而顺利完成动作。

(2)健美操学练对学生意志力的影响

学生参与健美操学练,对健美操技术动作的掌握并不能每次都快速实现,需要多次不断地练习,尤其是一整套健美操动作的练习和熟悉掌握需要学生付出一定的时间、精力,这个过程也不可能一帆风顺。学生需要长期参与内容枯燥的运动,重复同样的运动内容、动作技术,并在学习期间,克服各方面的困难,如理解困难、身体不适、动作不到位、训练伤病等。学习贵在坚持,学生在经过一段时间的健美操学练后,可以发现自己的意志力会有大的改善和提升。健美操学练,训练的不仅仅是身体,也有助于培养学生的良好意志品质。

5.心理定向

心理定向是指动作开始以前以及完成动作过程中心理的准备状态和注意的指向性。参与运动,心理定向对于学生掌握和提高技术动作非常重要,可造成学生诸多积极的综合反应,并且促进心理活动的调整。

在健美操学练中,准确的心理定向能使学生及时在头脑中设计完成动作模式,对学生实际完成的健美操动作内容、结构具有重要的指导作用。

(二)健美操学练者个性心理特征

个性是指具有一定倾向性的较稳定的心理特征,对个人行为有重要影响,包括运动行为。

1.性格

性格是个体个性的一个重要方面,是个人对现实的稳定态度和习惯行为方式,对个体的运动参与有重要影响。

健美操教学中,教师对教学对象,即学生的全面分析,包括对学生的性格的了解和掌握,这有助于教师因材施教。

第一,在健美操教学中,教师了解学生的不同性格,对于合理安排训练内容、节奏、方法等具有重要的指导。

第二,个人性格一旦形成就比较稳定,但仍具有可塑性。如一个胆小、害怕改变和冒险的人,经过长时间的健美操学练,很可能变成一个胆大、勇敢的人,变成一个乐于与人交往和同伴积极配合的人。

2.气质

气质是人的心理活动的稳定的动力特征,是个体运动的心理依据之一。不同气质类型会有不同的行为表现,不同气质的人,健美操学练目的、训练需求、内容和方法的选择不同。

健美操运动属于一项集健身、健美、塑形于一身的运动,对于个人的气质培养也具有重要的影响。在健美操教学中,教师了解个体的气质类型,可令健美操学练安排更具针对性。此外,在健美操创编过程中,教师可以结合不同学生的气质类型选编不同风格的健美操动作和音乐,以实现健美操运动中人与健美操艺术表现的完美融合。

3.心理能力

心理能力是个体综合应对外界事物和变化的心理素质。运动心理学意义上的个人心理能力指个体顺利完成某种活动必备的心理特征,包括观察力、记忆力、思考力、想象力和注意力等。

个人的心理能力是掌握运动技能、提高运动水平的基础。不同的人的心理能力的个体差异性较大,如有人擅于形象思维,有人擅于抽象思维,有人聪明、有人愚笨;有人敏捷、有人迟钝,健美操学练中,应结合个人能力选择与之相适应的训练项目内容。或者,通过不同类型的健美操运动学练来培养和完善学生的思维能力。

第二节 健美操教学的任务与特点

一、健美操教学的任务

健美操教学任务是指在健美操教学中,为实现不同的健美操教学目的所提出的不同层次的教学要求。健美操教学任务具体包括以下内容。

(一)丰富学生健美操知识

在健美操教学中,教师的基本教学任务是有计划地传授叙述健美操知识,使学生掌握健美操基础知识,了解健美操文化。

在健美操教学中,学习健美操理论知识是学生认识健美操、了解健美操的重要基础,"丰富学生健美操知识"的健美操教学任务主要通过开展健美操理论课教学来实现的。

健美操教学中,教师应把健美操运动相关知识引入教学中去,使学生掌握以下健美操知识。

第一,建立健美操动作的正确概念。

第二,掌握健美操动作的技术原理。

第三,掌握健美操动作与音乐的配合技巧。

第四,掌握创编成套健美操动作的一般规律。

第五,学会识别健美操音乐的节奏。

第六,学会提高专项身体素质的理论与方法。

第七,增强自我保健意识,了解自我保健常识。

(二)教授学生健美操技能

传授学生健美操技术与技能,提高学生对健美操技术与技能的应用能力是健美操教学的重要任务。

在健美操教学中,教师应结合健美操教学的大纲确定教学内容,结合教学内容中的健美操具体技术教学,通过课堂教学,科学、全面、系统讲解健美操理论知识,指导学生在熟练掌握健美操基础知识的基础上学习健美操技术动作。通过健美操实践课的教学,使学生熟练掌握健美操运动的基本技术、基本技能、基本动作方法、健美操高难度动作方法,提高学生的健美操技能水平,并提高学生的健美操技能应用水平。

健美操教学中,教师要真正完成"教授学生健美操技能"的教学任务,切实提高学生的健美操实操技能,应通过健美操教学实践活动开展,使学生掌握和提高以下技能内容。

第一,掌握健美操动作节奏与动作。

第二,掌握健美操动作技术细节。

第三,掌握健美操运动后的科学恢复方法。

第四,熟练掌握健美操动作。

第五,纠正健美操学练错误的身体姿势。

第六,改进健美操学练单个动作或连接动作技术。

第七,增强学生健美操动作的表现力。

第八,增强学生的健美操专项体能素质。

第九,提高学生健美操学练中的动作与音乐配合的一致性。

第十,增强学生的音乐感、节奏感。

(三)发展学生身体素质

身体素质是个体运动的基础,健美操学练有助于促进学生的身体素质的有效提高,健身操属于有氧运动,能全面提高身体的协调性、心肺功能和肌肉的耐力,促进身体组织各器官的协调运作,对增强学生的生理机能、提高学生的身体素质有着积极的影响。

而从另一个角度来讲,参与健美操运动,尤其是专业健美操学练,需要学生具备一定的身体素质基础,才能完成特定的健美操技术动作。健美操教学实践中,身体素质在健美操运动训练中发挥着重要作用,健美操运动技能学练过程中,学生对健美操技术动作的力度、速度、幅度、高度、协调性等的准确把握都需要有良好的身体素质。因此,教师必须重视发展学生身体素质,发展学生身体素质就成为健美操教学的一个重要任务和目标。

在健美操教学中,"发展学生的身体素质"的健美操教学任务具体可分为以下两个细分任务。

第一,发展学生参与运动的一般身体素质。

第二,发展学生从事健美操运动的专项身体素质。

(四)完善学生形体姿态

正确的身体姿态是变现健美操的"健、力、美"的重要基础,因此,在健美操教学中,应重视严格训练学生的身体各部位的基本姿态,帮助学生建立正确的健美操本体感觉。

此外,在现代健美操教学中,健美操的美育价值也日益得到重视,体形健美、姿态端正是健美操美育教育的重要要求,培养和完善学生体型健美、姿态成为健美操教学的一个重要教学任务。

青少年学生,处于青春发育期,他们的身体形态具有很强的可塑性,健美操教学过程中,教师应有意识地重视对学生良好形体和姿态的培养,以促进学生的形体姿态的改善与完善。

(五)培养学生健康心理

促进学生心理健康发展不仅是健美操教学的重要功能,也是健美操教学的重要教学任务。

健美操教学培养学生健康心理的教学任务的实现要求教师在健美操教学中,应重视将培养学生良好的思想道德品质纳入到健美操教学课程中去,促进学生形成健康心理,具体如下。

第一,陶冶情操、获得许多运动乐趣。

第二,通过健美操教学减轻学生心理压力和精神焦虑,保持健康向上、积极乐观的心态的运动价值与功能,使学生积极参与健美操学练,以塑造良好的健美操运动参与和学习心态。

第三,寓思想政治教育于健美操教学之中,培养学生正确的道德观,提高学生的思想觉悟。

第四,培养学生的良好品行、艺术素养和性格特征。

第五,培养学生遵守纪律,团结合作,积极进取、乐观向上,朝气蓬勃的体育道德作风。

(六)提高学生的社会适应能力

健美操教学有助于促进学生交际、交往,使学生学会团结协作,有助于提高学生的社会适应能力,这符合现代体育教学的素质教育要求和特点。健美操教学具有提高学生的社会适应能力的可能性,因此,应将提高学生的社会适应能力列为健美操教学的重要任务之一。

健美操运动教学中提高学生的社会适应能力具体包括以下具体任务。

1.培养学生的协助精神

现代社会竞争日益激烈,学生必须学会在竞争中寻求合作,这对学生进入社会后获得良好的发展是非常有利的。基于此,应通过健美操教学,培养学生的团结协作精神。

具体来说,在集体性健美操运动学练和表演过程中,不同的健美操学练者需要通过与同伴的默契配合来进行,因此,在健美操学练中,教师应注意培养学生的集体协作精神。

2.提高学生的应用和实践能力

知识具有重要的思想与行为指导作用,它使学生的运动过程更科学、运动效果更快实现。

参与健美操运动,有助于增强学生的知识探索和学习意识以及健美操参与意识,有助于学生的德智体全面发展。需要特别提出的是,这种健美操能力、健美操习惯并非靠单纯机体训练和对抗就能完成,还需要理论知识引导,更需要科学的健美操运动理论作指导。

健美操教学中,对学生的应用和实践能力促进与提高,具体应重视学生的以下几方面能力的促进。

第一,健美操表演、组织表演活动能力。

第二,良好的语言(口语、肢体语言)表达能力。

第三,指挥健美操配音能力。

第四,分析问题和解决问题的能力。

第五,自我评价和相互评价的能力。

第六,对美的鉴赏能力。

第七,灵活应变的能力。

第八,提高自学能力和创造力。

3.提高学生的沟通能力

在集体性健美操项目学练中,参与健美操活动的学生必须经过交流并最终达成一致意见才能顺利地进行健美操活动。这对于学生在健美操参与过程中提高其沟通能力具有良好的促进作用。因此,在健美操教学中,教师应注重学生的沟通能力的培养与提高。

4. 调节学生的人际关系

人具有社会属性,是社会中的人,人的活动离不开社会环境和与社会中其他人的交流与交往。人际交往是现代社会生存和发展的重要基础,学会交往是个体适应适合社会的重要前提。

健美操的参与有助于营造良好的人际关系,在健美操教学中,教师应重视学生人际关系的协调与正确引导。

(七)提高学生的创编应用能力

在应用方面,健美操的教学任务主要包括以下几方面的内容。

第一,帮助学生掌握创编健美操组合动作、成套动作、表演动作和组织表演活动的方法。

第二,培养学生灵活运用素材、随意创编的能力。

第三,培养学生良好的语言表达能力。

第四,培养学生指挥健美操配音练习的能力。

第五,培养学生分析和解决问题的能力。

第六,培养学生自我评价和相互评价的能力。

第七,提高学生的健美操鉴赏能力。

第八,提高学生灵活应变的能力。

(八)提高学生的审美和创造美的能力

1. 提高学生的审美能力

健美操运动具有重要的美育教育价值,通过健美操教学,可以提高学生的审美能力,包括对健美操的动作美、身体形态美、服装音乐美、精神美、同伴间的完美配合等的审美,通过健美操教学,可以提高学生发现美的能力和审美的能力。

2. 提高学生的创造力

个体的创造力与创造性活动是紧密相连的。健美操运动是一项创造性活动,健美操动作具有复杂性和多变性,参与健美操运动对个体的创造力和创新能力的培养具有积极的作用。

因此,在健美操教学中,教师应注意对学生健美操技术动作和动作组合的随机性与多样性的培养,通过教学实践不断提高学生的创新能力,促进其养成用智慧创造性地处理学习、生活中的各种问题。

3.提高学生创造美的能力

健美操运动教学包括健美操的创编教学内容,通过健美操的动作、组合动作、套路、音乐等的创编,培养学生创造美的能力。同时,教师应重视学生的美的创造意识和能力的培养,将这种创造美的能力延伸到日常生活中去。

(九)提高学生的健美操音乐相关能力

1.提高学生对健美操音乐的赏析能力

音乐是健美操的重要内容,有很多人都将音乐比作是健美操运动的灵魂。通过健美操音乐的烘托,使得健美操这一运动形式的表达更完整、更具艺术性。由此可见音乐之于健美操的重要性。

健美操教学不仅仅是身体动作的单一练习,也包括健美操音乐知识的学习,通过该部分内容的教学,应促进学生的音乐赏析能力的提高。

2.提高学生对健美操音乐的创编能力

健美操音乐是服务于健美操动作的功能性音乐,在健美操音乐的创编过程中,可结合动作构思选创音乐。例如,可以先根据成套健美操的整体风格,选择与其相适应的音乐,也可以等成套健美操动作编排完成之后,根据动作选配音乐。健美操音乐的选配过程中,要求音乐能够渲染、烘托和表达健美操的情绪和意境。通过健美操创编教学,应提高学生的健美操音乐创编能力。

(十)提高学生的健美操终身参与能力

在健美操教学中,教师应重视发展学生的终身健美操能力,使学生掌握健美操技能,并养成终身从事健美操运动的习惯。具体来说在健美操教学中应完成以下教学任务。

第一,培养学生的健美操锻炼的兴趣、意识和能力。

第二,促进学生掌握系统的健美操理论知识和锻炼身体的科学方法。

第三,提高学生的健美操自学能力,能自主学习健美操运动的知识与技能。

第四,提高学生的自练和自评能力,在健美操运动锻炼过程中能结合实际对健美操锻炼的内容、方法、负荷等进行调控和评价。

第五,提高学生的自我创造能力,能创造性地运用自己掌握的健美操知识与技能。

二、健美操教学的特点

(一)内容丰富,信息来源广泛

健美操教学内容丰富,有单人练习,也有集体练习;有徒手练习,也有手持轻器械及借助于固定器械练习;有各种不同风格、类型的健美操音乐和动作,能满足不同学生的不同学练需求。

此外,健美操教学内容的信息来源十分广泛,在健美操教学中,既有来自动作本身的大量信息,同时也有来自相关学科等方面的信息,教学中,学生可接受的各类信息量非常大。

(二)健美操的多元运动特点

健美操是一项健身、健美、塑形的综合性有氧运动,通过健美操学练,能实现多元运动价值。

通过健美操教学,教师需要完成"教授学生健美操知识与技能""发展学生身体素质""完善学生形体姿态"等丰富的多样化的教学任务,因此,健美操教学不仅能使学生掌握健美操的专门知识、技能和技巧。同时,还借助于学生通过多样化的健美操练习方法、锻炼原理、运动负荷等的科学选择与应用,强健身体、完善体态。

(三)思维与实践活动相结合

启发学生的创造性思维是健美操教学的又一特点。健美操之所以有较强的生命力,源于其不断创新。在健美操教学实践中,教师一方面将基本动作和技术教给学生。另一方面,在反复的练习中,教师又需引导学生不断建立新的神经联系,形成新的动作、新的组合、新的成套练习,使学生在反复的实践活动中掌握创编的原理及方法,学会创造性的思维方式。

(四)健美操教学的美育目标

在健美操教学中,除健美操自身的动作具有强烈的审美效果外,健美操的音乐、集体配合、精神等都具有美育价值。

和其他体育运动项目相比,健美操运动具有其自身的文化内涵、精神价值和行为规范,对学生品行、道德、艺术审美、艺术表现要求都比较高,要求学生的健美操参与应培养良好意志品质、规范个人行为、完善学生品格,对学生的审美和良好体育运动道德品质均具有重要的教育作用。

(五)音乐与健美操有机结合

音乐是健美操运动的重要组成部分,是健美操运动教学的重要教学内容之一,音乐在健美操教学中起着相当重要的作用。

在健美操教学中,将健美操的音乐元素巧妙结合运用到课堂教学中,通过其规律的变化和节奏节拍的运用,不仅能激励和鼓舞学生的情绪,提高健美操教学的质量,此外,还有助于学生在健美操学练之后的身体、心理恢复。

第三节 健美操教学的规律与原则

一、健美操教学的规律

(一)认识规律

人的认知能力是个体认识和理解事物的过程,是与生俱来的,但是个体/群体认知表现出一定的规律,具体表现如下。

第一,人的认知能力是与生俱来的,同时,也是受外部环境、心理等多种因素影响的。

第二,人认识事物的过程是由表及里、由外及内、由浅入深的过程,这个过程不能逆转。

第三,个体的认知受年龄因素影响。不同年龄阶段的人的认知特点不同,同一年龄阶段的人可表现出认知统一性,但同时,受环境、年龄、心理等多种因素影响,不同个体的认知具有个体特点。

人的认知能力和健美操学练是相互影响的。运动实践表明,科学、系统的运动训练可以提高个人智力水平,提高个人的记忆、注意、思维、反应等能力,从而加快、加深个人对事物的认知。健美操运动的学习可以改善学生的思维方式和方法,为提高智力奠定良好的物质基础(通过运动发展和完善大脑神经系统的思维过程,对时空的判断等),提高学生的注意力、思维能力、记忆能力、反应能力等,同时健美操教学活动还有助于陶冶学生的情操,使其情绪稳定、性格开朗,思维活跃。

认知的提高对学生的健美操学练也十分有利,良好的认知能力能使学生更加清楚地理解训练原理、运动规律、技术特点、动作方法等,从而优化训练。

在健美操教学中,教师对学生健美操技术的传授,不仅要包括具体的技术动作,还应传授大量与健美操运动相对应的操作性知识,因此,健美操教学过程就是促进学生认知能力发展和提高的过程。

健美操教学应遵循学生认知规律,科学施教,具体应明确以下两点。

首先,学生对健美操教材的感知、理解、体会、巩固、运用以及评价等认知活动有其固有的规律,教师应结合学生的健美操技术认知规律开展健美操教学与训练,充分考虑学生的认知基础、认知特点、认知差异和认知的由浅入深、由表及里。教师在健美操教学中必须遵循这些规律,特别注意使健美操知识与健美操技术表象之间建立起稳固的联系。

其次,在健美操教学中,教师可有意识地充分利用健美操运动技术学练提高和促进学生认知能力的发展。运动与认知二者是可以相互促进的。而且,运动实践也充分表明,健美操技术学练可以改善学生的思维方式和方法,为提高智力奠定良好的物质基础(通过运动发展和完善大脑神经系统功能),提高学生的注意力、思维能力、记忆能力、反应能力等,这些都有助于学生的认知能力的提高。

(二)机体运动的生理活动规律

1.机体运动的生理活动规律的内容

个体参与运动,身体在运动前、运动中、运动后会出现一系列机体变化,学生参与健美操学练也不例外。

学生在健美操学练的整个过程中的生理机能活动和变化具有一定的规律性,这是机体运动的重要生理活动变化规律,具体分析如下。

健美操学练前,学生的具体状态生理机能变化与运动的性质、学生的技能水平和心理状态有关,具体表现在神经系统、氧运输系统和物质代谢等方面。如中枢神经系统兴奋性提高,代谢加强、体温升高、心率加快、肺通气量和吸氧量增加、泌汗增多等。

健美操学练的开始阶段,一般先要进行准备活动,其生理机制在于通过预先进行的肌肉活动在神经中枢的相应部位留下兴奋性升高的痕迹,进而促进机体进入工作状态,在接下来的健美操学练过程中发挥出最佳机能水平。

综上所述,健美操的科学学练过程,具体来说,就是如下过程:从热身开始到进入健美操运动再到健美操运动的结束,学生生理机能活动变化的规律是指学生从静止状态,经过热身之后使机体进入工作状态,在运动过程中不断加大负荷,使机体在适应负荷的前提下逐渐达到最佳水平,然后再逐渐降低运动负荷,直到机体恢复到安静状态。

2.机体运动的生理活动规律对健美操教学的启示

健美操学练过程中,学生的身体逐渐进入工作状态后,生理机制变化主要表现在两个方面。一方面,内脏器官的生理惰性,健美操学练过程中,内脏器官必须充分动员以适应肌肉活动和机体代谢的需要。但与运动器官相比,内脏器官的生理机能惰性大,进入工作状态更慢、容易疲劳。另一方面,机体进入工作状态与机体的反射时(从刺激作用于感受器起到效应器出现反应所需要的时间)有关,一般来说,在健美操学练活动中,动作难度越大、反射活动越复杂,机体进入工作状态所需要的时间越长。

健美操教学中,学生在教师的组织下开展各种与健美操运动有关的身体练习活动,以掌握健美操运动技能。因此,健美操学练实践中,教师组织学生进行健美操技能的身体练习,必须遵循人体在运动过程中生理机能活动变化的规律。在健美操教学的不同阶段,教师通过科学组织健美操教学,教师应遵循学生在运动中机体机能的具体活动变化,通过对学生的观察控制教学进度和运动负荷,帮助学生逐渐掌握健美操运动技术,使学生的机体对健美操运动产生适应性的变化,减少伤病事故的发生。

(三)动作技能形成规律

研究表明,个体从认识到掌握某一运动项目的机能体现出一定的规律性,具体表现对技术动作的由不会到会,由泛化到分化、再到巩固提高的过程,这就是运动技能的形成与发展理论。

健美操技能的学练与掌握,遵循动作技能的形成规律,需要经历以下几个阶段:对健美操运动技能的粗略掌握、改进提高与巩固健美操运动技能的阶段、健美操运动技能的创新发展阶段。健美操运动技能形成与发展的过程就是生理学和运动技能学机制原理在健美操教学中的应用,具体来说,学生通过在健美操教学中学习健美操运动技能,身体练习的各种刺激在大脑皮质相应的运动神经中枢中产生反应并建立神经联系,简言之,就是学生通过参与健美操运动相关的各种身体练习,使大脑和身体机能产生适应性,并产生记忆功能,为之后复杂的健美操运动技能的学习和大脑神经建立复杂、连锁的条件反射奠定基础。这一过程具体包括以下三个阶段。

1.运动技能的泛化

健美操运动技能的泛化阶段是指学生在学习健美操运动技能初期,在教师的讲解和示范下进行健美操运动实践,并通过这种练习获得初步的对健美操运动的感性认识。

该阶段学生的学习表现:学生的大脑皮质兴奋与抑制扩散,健美操技术动作的条件反射联系不稳定,控制动作能力较差,动作僵硬、不协调,有多余动作。

该阶段教师的教学任务和重点:使学生建立正确的健美操动作表象,使学生能掌握复杂健美操动作的重点环节,完成健美操运动技术动作,这一阶段不要急于求成、不必过分强调完美的动作细节问题,应将教学重点放在多鼓励、多表扬,培养学生的健美操学练兴趣和自信方面。

2. 运动技能的分化

随着健美操教学的持续、有效进行,学生通过前面一段时间的身体练习,逐渐加深了对健美操运动技能的认识,并能初步掌握健美操运动技能的基本运动规律。

该阶段学生的学习表现:经过反复练习和理解教师的讲解,学生的大脑在身体练习过程中的神经兴奋比较集中,大脑对动作技能的分化抑制获得发展,一些不协调和多余的动作会逐渐消除,并能改正错误的技术动作,能比较顺利地完成完整技术动作。但学生的健美操动作的动力定型并非始终标准无误的,健美操技术动作会时好时坏。

该阶段教师的教学任务和重点:纠正学生错误的健美操动作技术,让学生能把握健美操动作技术的细节,使其大脑初步建立起对健美操错误动作技术的抑制,从而促进学生建立动作的动力定型。教师要注意及时纠正学生的错误,强化学生对正确技术的反复练习,让学生加强练习,改善练习效果。

3. 运动技能的自动化

通过持续的健美操学练,学生不断重复健美操技术动作,进而建立其身体和大脑对健美操运动技术动作的条件反射系统,从而实现健美操运动技能的自动化状态。

该阶段学生的学习表现:学生大脑神经对健美操运动技能的时间、空间上的判断更加精准,大脑皮层已建立起对技术动作较稳定的条件反射,使各种条件的联系达到自动化程度。学生对健美操动作的完成可达到动作协调、准确、优美,动作的某些环节出现自动化的效果。

该阶段教师的教学任务和重点:结合学生的健美操技术动作掌握情况,对学生提出进一步的要求,要求学生对完整技术的反复练习,不断精益求精,实现健美操技术动作的精细化。

(四)运动负荷规律

健美操教学过程中,教学活动以学生的不同内容和形式的健美操身体练习为主,身体练习中需要充分考虑到运动负荷因素。对于健美操学练过程中的运动负荷的确定,要做到科学严谨,遵循机体运动的运动负荷规律。

健美操教学中,科学确定运动负荷,应遵循以下原则。

第一,要科学安排运动负荷,首先要明确运动负荷的影响因素,具体来说,有两个,即运动量和运动强度。量即数量、次数、时间、距离、重量等。强度包括动作速度、练习密度、间隔时间、重复距离等。对于运动负荷的科学安排就是对运动负荷的各种影响因素的合理安排。

第二,运动负荷由小逐渐增大。运动负荷不能超过学生机体的最大负荷限度。

第三,运动负荷并非越大越好,具体要结合健美操教学的目标和学生的身体状况来确定。

二、健美操教学的原则

(一)兴趣主导原则

兴趣是最好的老师,健美操教学应最大限度地发挥学生参与健美操运动的积极性,培养他们的独立思考能力、创造能力和自我调控的能力,使学生更自觉地、主动地完成教学和训练任务。

健美操教学实践中,遵循兴趣主导原则应注意以下几个方面。

第一,重视学生正确的健美操运动参与态度和体育价值观的培养。

第二,满足学生的合理需要。关心学生,尊重学生,满足学生学习健美操的各方面需求,重视教学安全,打消学生顾虑。

第三,采取丰富多样的教学方法,努力激发学生参与健美操学练的兴趣,重视学生的健美操学练积极性的调动。

第四,教师应做好表率作用,做好榜样,身体力行、潜移默化地影响学生参与健美操运动学练。

(二)全面发展原则

促进学生身心健康、全面发展既是健美操教学的任务,也是健美操教学中教师组织和实施教学的重要原则。在健美操教学中,除了促进学生身体健康外,还应全面提高学生智力、心理素质、美育(感)等。要遵循该原则具体应做到以下两个方面的工作。

第一,在健美操教学中,教师应认真学习和领会健美操教学大纲(或课程标准)精神,全面贯彻教学大纲(或课程标准)的目标和要求,重视学生的心理发展,实现身心发展的统一。

第二,在健美操教学的各个阶段(准备、实施、复习、评价等),通过制定教学任务、选择教学内容和运用各种教学手段和方法,都应注意增强学生体质并促进其全面发展。

(三)直观教学原则

健美操自身的特点决定了在健美操教学中应重视直观教学。健美操学练多技术动作练习,教学中,教师对健美操动作的示范要做到直观,将健美操技术动作的原本"影像"以真实的方式向学生传授,使学生便于观察和模仿,能清楚地了解健美操动作完成过程和健美操组合动作的衔接。

(四)循序渐进原则

健美操教学的循序渐进原则是由学生客观认知规律和运动负荷规律所决定的,循序渐进原则具体是指教学要有序安排,健美操教学中,遵循循序渐进教学原则具体应注意以下几点。

第一,对健美操教学中的各个要素的安排要做到由简单到复杂、由低级到高级、由单一到组合,循序渐进地进行。

第二,合理选用教学内容。健美操运动教学过程应符合健美操运动发展规律,教学内容的安排应由易到难;训练的时间和量应逐步提高。

第三,科学安排教学阶段。健美操教学中,要根据健美操技战术规律和特点,从单一到组合、从泛化到分化再到自动化,科学安排各阶段教学。

第四,合理安排运动负荷。结合学生特点合理安排运动负荷,运动负荷应与学生的生理和心理特点相符。

(五)因材施教原则

健美操教学的因材施教原则是由学生的个体差异性所决定的。在健美操教学过程中,体育教师"教"的对象是全体学生,教师对全体学生提出统一的教学要求。但是教师也要注意每个学生的个体差异,既要做到健美操教学的"统一教学标准",也要重视针对个别学生的"个别施教"。

健美操教学中,遵循因材施教原则应注意以下几点。

第一,了解学生。教练员应对学生进行充分的观察和了解,掌握不同学生的详细情况,全面了解学生对健美操的兴趣与爱好、身体素质等基本情况,在教学中区别对待不同学生。

第二,重视教学设计的针对性。在制订健美操教学目标时,教师需要综合考虑教材、学生特点、组织教法以及上述各方面的客观条件,从而更好地贯彻因材施教原则。

第三,满足不同学生学习需求。制订健美操教学计划、教学目标和要求,应符合大多数学生的实际能力,同时,还要兼顾不同层次学生的学习需求,努力为身体素质较好的学生创造更好的条件,提高其健美操运动技能;还要热情、耐心地帮助素质差、基础薄弱的学生,使他们能跟上健美操教学进度。

第四,合理安排不同学生的运动负荷。

(六)终身体育原则

终身体育既是体育教学的重要教学原则,也是健美操的教学原则之一,通过健美操教学长久地影响学生一生对运动健身重要性的理解,并积极参与其中是健美操教学的最终目的。

健美操教学中,教师应重视培养学生的终身体育意识。教师要善于发现学生的健美操爱好与特长,并正确引导,使学生能重新认识自我并乐于从事健美操运动,养成终身参与健美操运动的习惯。

此外,健美操教学中,教师还要重视学生健美操的基本身体素质练习方法、运动安排、健美操创编等能力的培养,为学生从事健美操运动奠定良好的身体、技能、知识基础。

第四节 健美操教学课程的组织与实施

一、健美操教学课程的组织

健美操教学课程类型主要有两种,即健美操理论课与健美操实践课,这两种类型的课程的组织具体分析如下。

(一)健美操理论课

1.明确教学内容与目的

与健美操运动相关的各种理论性知识主要包括健美操的起源与发展、特点与价值、内容与分类、体育组织、相关竞赛与裁判法、运动代表人物等文化知识以及健美操技术理论,健美操运动相关学科理论知识。

2. 教学组织形式与方法

课堂教学形式,以教师讲授为主,适当进行课堂讨论,充分调动学生健美操学习积极性。

3. 落实教学组织程序

第一步:教师提问或简要讲述健美操教学内容。

第二步:教师详细讲授健美操教学内容,反复明确健美操课的重点和难点,强化学生理解。

第三步:总结归纳、布置作业,宣告下次课教学内容。

(二)健美操实践课

1. 准备部分

(1)明确教学内容与目的

与健美操教学内容和任务相关的身体活动,活动应有引导性、针对性和激励性。

(2)教学组织形式与方法

与健美操运动相关的走跑练习、基本体操、健美操身体素质的专门练习和引导性、针对性、激励性的游戏等方法进行身体活动。

根据健美操运动教学课的任务、目的组织学生集体练习。

2. 基本部分

(1)明确教学内容与目的

根据教学进度内容安排健美操技战术的教学和练习,促进学生全面发展。

(2)教学组织形式与方法

根据具体健美操教学内容合理采用讲解与示范、练习和纠正错误等教学方法,使学生巩固所学过的知识,同时体会和练习新内容。具体的教学步骤为:先学习新内容,然后巩固和改进已学过的内容,最后组织学生进行整节、成套的健美操动作练习。

3. 结束部分

(1)明确教学内容与目的

通过身体放松练习使学生逐步恢复到课前相对安静的状态。

(2)教学组织形式与方法

根据基本部分教学内容的性质、练习强度与密度等组织学生进行集体活动,并对学生的练习进行评价,指出优点与不足,明确改进方向和方法。

二、健美操教学课的实施

(一)备课

备课是教师组织实施健美操教学的重要基础,具体来说就是教师应在吃透教学大纲、科学选择健美操教学内容的基础上,撰写教案,以指导健美操教学课的具体实施。

1.备课准备

(1)确定教学目标

依据健美操教学目标和单元的教学设计来确定学时教学目标,教学目标必须全面、明确、具体、可行。

(2)排列教学内容

明确本次健美操教学课中共几项教学内容,注意合理安排教学内容的先后顺序。

(3)组织教学方法

根据健美操教学内容重点、难点考虑必要的教法,如讲解、提问、讨论、演示、实践学练等。

(4)安排教学时间和练习次数

科学安排本次健美操教学课中,学生进行健美操练习的次数并算出时间练习次数,确定练习次数要留有一定余地,要留有教师在练习中的指导时间。

(5)确定计划场地器材和用具

明确本次课所需的场地器材的名称、数量、规格等,并提前做好相关准备。

2.撰写教案

(1)教案撰写要求

健美操教学教案的制定与编写应注意以下几点。

第一,根据健美操课程教学的目标、进度、性质等,确定本次课的教学任务。

第二,根据健美操课程教学任务确定教学内容、教学方法、教学组织形式。

第三,根据健美操课程教学内容、方法等考虑场地、器材、设备、学生的人数、学生基本运动能力等要素,合理组织教学过程。

第四,教学过程中,注意因材施教,个别对待。

第五,注意本次课与下次课的合理衔接。

(2)教案的结构和格式

健美操课程教学教案最基本的结构应包括准备部分、基本部分和结束部分,结合具体教学实际情况,完善教案结构,使各部分教学(内容和用时)合理衔接、比例得当。

健美操课程教案的撰写,有两种常见形式,一种是表格式,结合健美操教学课任务,按表格各栏的先后顺序,填写各部分的教学内容、组织教法、练习次数、运动量及其他相关事项和小结。另一种是条文式,多用于健美操理论课的教学。

(二)上课

1. 队列队形的安排与调动

健美操教学通常采用大班级教学模式,即一个班级中有几十个学生同时进行健美操内容学习,因此,在健美操教学课的开始阶段,就要对全体学生进行队列队形的合理安排与调动,以为接下来的教学课内容的开展做好准备。

健美操教学课中,教师组织和调动队形时应注意以下几点。

第一,根据健美操运动特点、教学内容合理安排与调动队列队形。

第二,队列队形的安排与调动应有利于教师的讲解、示范和指导,有利于学生观察。

第三,调动队列队形时应尽量缩短时间,积极调动学生参与其中,做到步调一致、高效、迅速,不影响教学过程的顺利进行。

2. 课堂管理

为了保证健美操教学活动的顺利进行和教学目标的实现,教师应在教学活动的组织与开展过程中做好课堂管理。

首先,教师要时刻监控课堂教学活动的效果,一旦教学将达成目标与预先设定的目标出现偏差,应及时分析偏差产生的原因并采取纠偏措施。

其次,教师要注意课堂纪律的控制。

最后,教师要注意学生的态度、情绪、身体状况的观察,一旦发现问题要及时采取措施,调动课堂气氛,调动学生学习积极性,确保学生劳逸结合,营造良好的课堂环境和健美操学练氛围。

第五节　健美操教师教学设计能力的培养

一、教学设计

教学设计是指教学执行者为获得优质的教学效果,在进行教学活动之前,对教学活动中"教什么""如何教"的问题制订的"低耗高效"的操作性方案。

科学进行教学设计,要求教师应做到以下几点。

第一,教学设计应符合教学的相关原理,必须建立在教学的科学生理学原理、心理学原理,教学原理等基础之上。

第二,教学设计方案应符合教学自身的学科特点。

第三,教学设计应符合学生的身体和心理发展的特点,教学过程中各项要素内容的设计应充分考虑学生年龄阶段特征。

第四,教学设计应以系统的思想和科学的方法为指导。

二、教师教学能力

教师的教学能力具体是指教师运动知识、技能及教学实践经验的综合,并且教学能力只有在教学实践的活动中才能得到发展。

在健美操教学中,教师的教学能力将直接影响健美操教学过程的开展和健美操教学效果的实现,健美操教师教学能力的构成是多方面的,具体包括以下几种能力。

(一)教育能力

第一,对学生行为、学习、思想的深入了解、分析和判断的能力。

第二,灵活运用各种教育方法,及时、恰当教育学生的能力。

(二)教学能力

第一,熟练地编制各种教学工作计划的能力。

第二,语言表达能力。

第三,动作示范能力。

第四,现代教育技术运用能力(计算机、多媒体、网络教学等)。

第五,敏锐地观察、分析综合和评价教学工作的能力。

(三)科研能力

第一,发现教学问题、预测教学发展、积极深入思考的能力。

第二,资料收集能力。

第三,课题开发与论文撰写的能力。

三、健美操教师教学设计能力的培养

教师的健美操教学设计能力是健美操教师的教学能力的重要组成部分,科学设计健美操教学过程,既有助于健美操教学活动的顺利开展和实施,也有助于健美操教学的良好教学效果的获得。

结合健美操教学特点,健美操教师的教学设计能力的培养应重点做好以下几方面的工作。

(一)熟练掌握教学设计理论

教师应熟练掌握教学设计的基本理论知识,包括健美操教学的规律与特点、健美操教学的科学组织与实施,健美操教学设计方案的撰写以及与健美操教学相关的其他生理学、心理学、教育学等知识,以此为教学理论指导,科学进行健美操教学设计。

(二)提高对学生的分析能力

了解学生的基本情况是科学制订健美操教学目标、设计健美操教学过程的第一步。

第一,通过调查,全面了解学生学习的需要。

第二,分析学生的起始能力。分析学生在学习健美操课程之前就已经具备的相关知识,如健美操运动基本知识、健美操体能素质、健美操技能基础、健康状况、学习态度等。

第三,分析学生的生理特征、心理特征、年龄阶段特征等。

第四,全面了解学生所具备的各项能力条件,以便为健美操课程教学任务和目标的制订提供有效参考,确保健美操课程教学设计的合理性。

(三)提高对教学内容的分析与选用能力

教师对健美操教材内容的熟练掌握是教师进行健美操课堂教学设计的重要前提。教学中,教师应让学生了解健美操教材内容的体系与特点,熟悉掌握健美操教材的全部内容。

教师制订健美操教学目标、设计健美操教学结构、选择健美操教学模式、安排健美操运动负荷等都要结合健美操教学内容进行。因此,教师要认真、全面地分析健美操教材内容所具有的功能和特点。

例如,分析健美操教材内容的文化背景能使健美操教学设计者更好地理解教材内容的特点、功能,有助于教师提高自身的文化素养,并在健美操教学实践中能潜移默化地影响学生。同时,结合具体的健美操教学内容,教师可以明确通过该教学内容的学习,学生应该达到一个怎样的水平,完成什么样的学习任务、实现什么样的学习目标。

(四)提高教学单项设计和综合设计能力

对于健美操教师来说,在健美操教学开始之前,要结合健美操教学目标与任务,对健美操单项教学与综合教学进行统筹分析与考虑,并分别做好健美操的单项教学设计——综合教学设计。

具体来说,健美操单项教学设计是对健美操教学内容中的某一项内容或者某一部分内容进行的教学设计,这种教学设计任务单一,应充分结合学生的实际基础与条件。综合教学设计是在单项教学设计的基础上,在学生能够顺利掌握和完成单项教学设计的教学内容的基础上,对学生的多项健美操知识、技能的掌握进行的教学设计,应与单元、学期健美操教学目标与任务充分结合起来,科学设计教学内容与过程。

第三章 健美操形体教学与动作创编教学

第一节 健美操形体教学

一、形体训练概述

(一)形体训练的概念和意义

1. 形体训练的概念

总的来说,形体训练不仅是以改变人的形体的原始状态,提高灵活性,增强可塑性为目的的形体素质基本练习,同时也是以提高人的形体表现力为目的的形体技巧训练,其在人体科学理论的基础上,通过徒手或利用各种器械,运用专门的动作方式和方法来达到上述目的。

形体训练的手段主要有两种:一种是可以采用各种徒手练习。比较常见的有徒手姿态操、健美操、太极、韵律操、按摩、健身跑以及各种舞蹈动作;另一种是可以采用不同的运动器械进行各种练习,比较常见的有圈带、球、把杆、绳、杠铃、哑铃、肋木、壶铃以及各种特制的综合力量练习架。另外,现代开发出来的多功能的一些健身器械也可以得到相应的运用。

形体训练有着多种多样的动作方式和内容,但其基本的内容与基本功训练和基本形态训练关系密切,是分不开的。可以通过健美操、舞蹈、野外健身跑等的训练有效增强形体训练的趣味性。形体训练具有简单易行、适用性强等特点,能够有效增强人们的体质。同时,还能增进健康,有效改善人们的体型、体态,陶冶情操。

2. 形体训练的意义

(1)提高审美情趣

一系列的身体练习构成形体训练。只有通过反复的、多样的、不间断的训练,才能够使练习者对外界各种刺激的适应能力和对信息的反应能力以及对生活中美好事物的深刻感知能力得到更大程度的提高。

(2)改善神经系统

当人体处于运动状态时,中枢神经为了能够与骨髓、肌肉的工作需要协调配合,其会随时迅速动员各器官及系统机能。因此,经常进行形体训练不仅能够有效提高神经活动的强度,使人长期保持青春活力和旺盛的精力,而且还能够进一步增强对致病因素的抵抗力和对外界各种刺激的适应力。

(3)增强心血管系统

血液循环系统主要包括两个方面,一个是心脏,另一个是血管,其中血管又可分为两种:一种是动脉血管,另一种是静脉血管。动脉血管和静脉血管又和毛细血管联系在一起,这样就形成一个管道系统,血液循环能够完成新陈代谢的活动。

通过形体训练,能够使心脏的容积增大,血管的弹性增强,心脏的收缩能力和血管的舒张力也有所增强。同时,还能够有效增加血液中的红细胞、白细胞、血红蛋白的数量,使身体的营养水平、代谢能力和对疾病的抵抗能力得到有效地提高。除此之外,形体训练在提高呼吸机能,提高消化系统的机能方面的作用也是不可忽视的。

(4)矫正骨骼形态

在现代社会中,办公室人员,尤其是职业女性如果日常不能保持正确的站、走、坐姿势,往往就会导致"O"形腿、弓背、扣肩等不良现象,而这些现象会直接影响到形体美。经常进行形体训练,就可以有效改善各种不良骨形,使其向正确方向发展,矫正身体形态,健美身材。

(5)磨练意志品质

要想取得理想的形体训练效果,需要坚持长期不懈的锻炼。因此可以说,获得形体美的过程往往就是战胜自我、品格升华的过程。

(6)促进肌肉发育

肌肉广泛分布在人体内,并且与骨骼关节和韧带相连,两者共同组成了人体的运动器官,同时也使人们进行各种各样的复杂运动得以实现。人体的各器官系统的变化也是有一定规律的,具体来说,就是按生物界"用进废退"的自然规律进行变化的。通过形体训练,能够使肌肉更加发达,对骨骼肌的新陈代谢、骨骼的抗拉、抗压、抗扭等机械性能的提高起到积极的促进作用。同时,还能够对骨骼的生长、发育起到促进作用,使体内多余的脂肪得到消除,从而达到形体美的目的。

(7)增强自信心

良好的体型能够对自己产生一种良性心理刺激,会使人更加朝气蓬勃,奋发向上,在一定程度上改善情绪和性格。通过形体训练,能够使练习者体魄强健、精力充沛、气度不凡。长期进行形体训练的人,往往能够对自己有正确的认识和评价,并且坚信自己。

(二)形体训练的特点

1. 大众性

形体训练的形式有很多,不论男女老少、何种职业,都可以以各自不同年龄性别、能力、爱好为依据,选择并参加对身体某部分有改善和增强作用的形体训练。另外,形体训练是内外结合的全身运动,运动量可大可小,动作可难可易,体力上也可自由调节。通过形体训练,不仅可以使机体新陈代谢旺盛,改善各器官功能,增强体质、延年益寿,同时还能够使身体某一部分(发达肌肉、祛脂减肥、矫治畸形)得到有针对性地改善,达到体形匀称、协调、优美的目的。

2. 艺术性

在形体训练中,音乐是其重要的组成部分,是灵魂。音乐不仅能使训练者的想象力和表现力得到进一步的丰富,而且对训练者尽力完成形体训练的计划也有重要的激励作用,同时,还能够对其履行那些枯燥的训练程序和把握动作的节奏、准确地完成动作起到有效的帮助。除此之外,音乐还能够将训练者的欲望和激情激发出来,使人在锻炼中更加愉快,更有兴趣,达到忘我的境界。需要强调的是,根据不同风格的乐曲,选择和创造出不同风格、形式的形体训练动作,能够使成套形体练习的感染力有所提高,进而使训练者的音乐素养和良好气质得到提升,达到愉悦身心的目的。

形体训练具有强烈的艺术性。形体训练是一种具有美的性质的运动,所以其对美的感受较于其他体育运动要强得多,可以说是一种具有艺术特征的身体运动。形体训练常以其丰富多彩的练习内容及形体美的表达形式、舒展优美的姿态、矫健匀称的体型、集体练习中巧妙变换的队形等方式展示强烈的美感。在形体训练中常加入音乐,将整个形体训练生动地组合起来,还可以根据不同风格的乐曲,选择创造出不同风格、形式的形体训练动作,使整个形体训练变得生动、优美。在形体训练中,还提高了形体训练者的音乐素养,培养其良好的气质和修养。值得强调的是,形体素质训练中多采用旋律优美的钢琴曲伴奏,而钢琴的表现力是所有乐器中最为突出的,钢琴既是感受音乐美感的首选乐器,也是最好的乐器,所以形体训练对于训练音乐素养起了很大的作用。

3. 多样性

(1)方法多样性

从方法上看,形体训练与一定的科学指导有着密切的关系,主要涉及运动生理学、人体解剖学、运动心理学、运动训练学、人体艺术造型学等。以不同的训练目的和各自的水平以及不同的年龄和性别为主要依据,可以选择相应的训练方法。

(2)内容多样性

从内容上看,有着非常丰富的基本动作、器械及项目,形体训练的动作有很多,不仅有用于身体局部练习的系列动作,也有用于身体整体练习的单个动作,同时还有用于形体练习的健身系列的成套动作以及用于矫治康复的专门动作。

(3)项目多样性

从项目上看,通常可以将形体训练分为以下几种:第一,用来健身强体的健美体型的训练;第二,用来训练正确的坐、立行走姿势的专门训练;第三,适合中老年人健身强体的训练;第四,适合瘦人发达肌肉、丰腴健美的训练;第五,适合胖人减肥的训练;第六,适合疗疾康复的训练。除此之外,形体训练还有更多的器械,不仅有专门的单项器械,也有联合器械,还有自制的娱乐器械。有局部练习,也有全身性的练习;有单人练习,也有双人练习,还有集体练习;有徒手练习,也有器械练习;有站姿练习,也有坐姿练习;有节奏柔和缓慢的练习,也有节奏快、动感强的练习。

(4)形式的多样性

从训练的形式上看,往往可以将形体训练分为以下几种形式:第一,单人的训练、双人的训练、集体训练;第二,徒手的和持轻器械的,站姿和坐姿的,还有垫上的;第三,柔和的慢节奏、动感很强的快节奏训练,有局部的也有全身性的。

4. 灵活性

形体训练不管是形式的选择还是安排上都充分体现出了灵活性的特点。首先,形体训练大多数为徒手练习,同时也可以广泛利用把杆辅助,在形式方面,集体和个人都允许,具体看训练者的实际情况。其次,训练的时间安排较为灵活,可以在统一的时间内进行,也可以分散安排,性别、年龄、体质、体型、素质以及地点和器材不同也都可以进行形体训练,只要训练者有计划地安排,不间断地进行科学训练,就能达到理想的训练效果。

(三)形体训练的内容

1. 基本姿态

身体基本形态训练主要是指在音乐伴奏下进行大量的徒手练习、地面练习和把杆练习,其目的是培养练习者正确的体态和完成动作的协调性、准确性,进一步改善身体形态的原始状态,逐渐形成正确站姿、坐姿、走姿、蹲姿及优雅举止,提高形体动作的灵活性和表达能力。

人的基本姿态是指坐、立、行、卧。当这些基本姿态呈现在人们眼前时会给人一种感觉,如身体形态所显示的端庄、挺拔与高雅,给人的印象是赏心悦目的美感(包括日常活动的全部)。俗话说,坐有坐相,站有站样。自古以来就有"站如松、坐如钟、行如风、卧如弓"的说法,实则是对人基本姿态的形象比喻和健美的要求。由于一个人的姿态具有较强的可塑性,也具有一定的稳定性,通过一定的训练,可以改变诸多不良体态,如斜肩、含胸、松胯、行时屈膝晃体,步伐拖沓等。

(1)站姿

站立姿态是人体最基本的一种静态姿势,是指人的双腿在直立静止状态下所呈现出的姿势。端庄、优雅的站姿是一种静态美,它是形成不同质感动态美的起点和基础,是建立个人形象最重要的前提,也是健美操和体育舞蹈需具备的基本素质。因此,养成良好的站立习惯是每个人形象、气质塑造必不可少的一环。一个人要想表现出得体雅致的姿态,首先要从规范站姿开始。

站姿是否标准、挺拔,主要受人体脊柱的影响,同时与骨盆位置是否正确也有直接关系。日常交往中,根据不同的场合,需要呈现不同的站姿。正确的站姿要求练习者既要保持头颈部位、胸腰部位正确的感知觉,使脊柱周围屈伸肌群均匀地收缩,以维持和固定脊柱的正常生理曲度,又要使下肢部位充分伸展并保持必要的平衡,通过腹部和臀部肌肉的正确用力,使骨盆保持在正确位置上。良好的站姿对人的工作、生活、社会交往等方面都起到积极的促进作用,站姿练习是一个综合性的练习,是身体各部位感知觉练习效果的综合体现,练习者从中可以体会到正确的站立感觉,女士站姿应展现优雅秀美,男士站姿应展现俊朗潇洒。

(2)坐姿

坐姿是一种基本的静态体位,是指人在就座以后身体所保持的一种姿势。正确的坐姿不仅指坐的静态姿势,还包括人们就座时到坐定后的一系列动作和姿势。优雅的坐姿是一种文明行为,它既能体现一个人的形态美,又能体现其行为美,一方面完美地展现个人形象,另一方面也是健美操和体育舞蹈塑形训练的基本素养。端庄优美的坐姿会给人高贵、大方、稳重的感觉,养成良好的坐姿习惯,不仅可以给人留下良好的印象,而且也会提升自我修养,塑造健康、优美的个人形象,培养良好个性与高雅气质。

(3)走姿

行走时是人体最自然、最频繁的一种周期性的动态姿势。走姿也称步态,是指一个人在行走过程中的姿势。它以人的站姿为基础,是站姿的延续,相对于坐姿和站姿,走姿更具有流动感和节奏感,始终处于运动中。走姿能够直接反映出一个人的精神面貌、文化修养、气质秉性和审美层次,正确的行走姿态对个人社会性的塑造起着重要作用,能够为健美操和体育舞蹈的塑形训练奠定坚实的基础。

只有通过专门训练,增强腰、背、胸、腿、手臂的力量和控制能力,改进原始自然行走状态,才能使行走的姿态更规范、更有风度。优雅的走姿可以最大限度地展现形体美,人们在行走过程中所呈现出来的身体线条、姿态、手势等都成为展示人的内在美的一个窗口。

(4)蹲姿

蹲姿是指人体在下蹲时呈现的基本姿势,既是站姿的变换动作,也是日常生活中的辅助姿态。人们在低处取物、拾物、整理物品、整理鞋袜等特定的场合或条件下会运用蹲姿,它既是人体静态美与动态美的综合,也是健美操和体育舞蹈塑形训练的根基。

蹲姿训练主要是围绕膝关节运动,下蹲时,大腿前群肌肉、小腿后群肌肉必然拉长。肌肉是富有弹性的,类似橡皮筋一样,拉得长能够弹得远,但是张力大比张力小的皮筋,使用的力量也要大、弹得也更远。所谓内在的对抗性力量,就是在下蹲过程中,腿部肌肉要主动收紧,而不是处在自然状态下拉长。当遇到特殊场合需要做下蹲动作时,稳重优雅的蹲姿可以展现人体的协调性和灵活性,特别是对膝关节和大腿的控制能力是力量和柔韧性的体现。

2.基本素质

形体基本素质练习是形体训练的最重要内容之一,在练习中可采用单人练习和双人练习两种形式。通过大量的练习,可对人体的肩、胸、腰、腹、腿等部位进行训练,以提高人体的支撑能力和柔韧性。为塑造良好人体形态,改善形体的控制力打下良好的基础。形体基本功练习的内容较多,在训练时,应本着从易到难,从简单到复杂的原则;同时也要注意自己和配合者的承受能力,不能超负荷,以免发生伤害事故。

(1)力量

力量是指人体肌肉收缩时表现出来的一种克服阻力的能力。力量的大小取决于以下几方面:肌肉的生理横断面;支配肌肉收缩的神经中枢的作用程度;肌肉组织的生化积极性;完成动作的技术。在训练中,对肌肉活动的不同形式形成了不同的力量概念,即绝对力量、速度力量和耐力力量。绝对力量取决于肌肉最大限度地任意收缩的能力;速度力量取决于肌肉迅速收缩时克服外部阻力的能力;耐力力量取决于人的肌体在进行长时间的耐力活动时对抗疲劳的能力。在形体训练中,培养局部力量(如前、侧、后控腿的力量)具有特别的重要意义,但必须合理适度,其目的是发展腿部肌肉的速度力量和耐力力量。

培养力量的基本手段有极限训练法、重复训练法、动力训练法和静力训练法。极限训练法不适于形体训练,高负荷和中等负荷训练也都不适宜。对形体训练者来说,重复训练法是非常有效的。动力训练法适用于培养速度力量素质,其具体表现是弹跳力。弹跳力是一种综合素质,这种素质的基础就是在保持动作最大幅度的情况下,使肌肉收缩的力与速度相结合并在形体训练中表现出来。弹跳力有着非常重要的意义,如各种弹跳动作,它是表明练习者技术水平与素质的一种指标。静力训练法就是使肌肉经受长达 56 秒最大的、重复性的紧张。为了有目的地培养人体某块肌肉群,形体艺术训练中广泛采用静力训练法,如各种控制动作和各种平衡姿势的腿部动作。

(2)耐力

耐力就是在尽可能长的时间内,坚持完成某种规定动作的能力。耐力有一般耐力和专项耐力之分。形体的一般耐力是指持续完成某项动作的能力,这项动作往往可使许多肌群参与活动,而且会对心血管系统、呼吸系统和中枢神经系统提出更高的要求。有了一般耐力,就能使练习者顺利地完成大负荷的动作。形体的专项耐力是指完成某种非常剧烈但为时不长的动作的能力。有了这种能力,练习者就能够轻松自如、连贯流畅、动作优美和富于表现力地完成无比精彩、复杂和新颖的表演动作。

(3)灵活性

灵活性在身体素质训练中占有特殊的位置,它与其他身体素质的联系最为广泛,是一种最综合的素质。灵活性有一般灵活性和专项灵活性之分。一般灵活性是指一种能正确协调自身动作与合理完成动作的能力,专项灵活性则是一种能根据项目的特点,合理运用该项运动技术的能力。灵活性的基础在于运动技能的灵巧、高度发达的肌肉感和神经系统的可塑性。练习者对自己所做动作的领悟能力越高、越正确,就越能更好地掌握新动作的要领。

(4)柔韧性

柔韧性一般称为"软度",它是指肌肉、韧带的弹性和关节的活动范围及灵活性。柔韧性的好坏在形体训练中起着重要的作用。良好的柔韧性能够增加形体动作的幅度,使动作更加舒展、优美、完善,是高质量完成动作的基本保证。要使形体艺术训练的动作更加完善,必须全面发展身体各部位的柔韧性,否则就无法发挥出动作的优美表现力和塑造力,也无法提高动作的技术。关节的灵活性差往往会使动作受到局限或变得僵硬,因此,在形体训练中提高脊柱的柔韧性(如腰椎、胸椎和颈椎的柔韧性)具有特殊意义,脊柱的柔韧性对掌握波浪、摆动和结环等动作非常重要。

(5)协调性

协调性是指练习者身体各部位在时间和空间上相互配合,合理有效地完成动作的能力。它是身体素质中最不好练习、最不容易提高的一项素质,但它是形体训练中必须具备的素质之一。协调性可通过各种舞蹈组合(如爵士舞组合、现代舞组合等)及健美操和形体动作组合来提高,因为这些练习需要全身大小肌肉都参加运动,而许多肌肉是日常生活和其他运动项目活动不到的。这些练习的动作有对称的,有不对称的,变化较多。在安排一些动作的组合练习时应选择那些需要上下肢、躯干、头等多部位相互配合,具有一定复杂性的动作,这样可以锻炼大脑支配身体各部位同时参与不同运动的能力。要提高协调性,还应让练习者尽可能多地学习和掌握各种类型的动作,学习的动作越多,神经、肌肉的支配能力就越能得到锻炼和提高。

3.基本形态

基本形态控制练习是对练习者身体形态进行系统训练的专门练习,是提高和改善人体形态控制能力的重要内容,是通过徒手、把杆、双人姿态等大量动作的训练,进一步改变身体形态的原始状态,逐步形成正确的站姿、坐姿、走姿,提高形体动作的灵活性。这部分练习比较简单,个别动作要求比较严格,训练必须从严要求,持之以恒。以有节奏的形体动作作为主要练习手段,一般采用基本舞步、舞蹈组合、韵律操、健美操、体育舞蹈等多种项目进行练习。形体综合训练可提高练习者的有氧代谢能力,促进其身体全面均衡地发展,提高节奏感、音乐表现力、形态表达能力,增强练习者的兴趣,陶冶情操,培养高雅的气质和风度,提高练习者对美的感受和欣赏能力,丰富其想象力和创造力,保持健美体形,促进优美体态的形成。

(四)形体训练的要求

1. 准备工作

训练前必须做好准备活动,唤醒神经、肌肉与韧带。准备活动要安排轻松自如、由弱到强的适度练习,一般10～15分钟为宜。训练时要穿有弹性的紧身服装或宽松的休闲服,穿体操鞋、舞蹈鞋或健身鞋,并保持整洁。

2. 安排进度

形体训练要遵循人体发展和适应环境的基本规律,根据练习者身体的实际情况来确定训练方法,有计划、有步骤地循序渐进,逐步提高,要持之以恒,较完整地掌握形体训练的有关知识和方法。

一般来说,合理的锻炼时间是每次1～1.5小时,每周至少练习两次。

参加形体训练还要有恰当的生理和心理负荷。运动时达到最大心率的70%～80%效果最好,训练结束后要作调整。

在做器械练习时,要有专人指导和帮助,要注意训练的安全。

训练中和训练后要注意补充适当的水。同时要注意糖、脂肪、蛋白质、维生素、矿物质等饮食营养的合理搭配,以保证足够的营养和营养之间的平衡。

音乐选配得合适与否直接影响形体训练的效果。形体训练的音乐要旋律优美、格调高雅、富于动感、符合形体动作特点且易于被人们理解和接受。

3. 整体锻炼

全面锻炼要求在训练时做到力量与速度、耐力、协调性、柔韧性等素质相结合,动力性与静力性练习相结合,大肌肉群和小肌肉群相结合,主动性运动部位与被动性运动部位相结合,负重练习与徒手练习相结合,全身训练与身体某部位的强化训练相结合,无氧运动与有氧运动相结合,呼吸与动作节奏相配合等,从而使全身肌肉群匀称,促进心肺功能的改善和肌肉群的协调发展,使身体形态、机能等各种身体素质以及心理素质等诸方面都得到和谐的发展。

在全面锻炼的基础上,有目的、有意识地加强职业实用性形体训练,效果更佳。

二、形体训练基本技术学练指导

参与健美操运动要接受形体训练时,为了达到训练的目的,必须借助科学理论才能够高效而又快捷地掌握基本技术与方法。

(一)形体训练基本技术的教学原则

教学原则是人类所有教育教学过程中一个客观规律的反映,体育教学作为教育教学的一部分,自然也无法违背这个客观规律。体育教学原则是对体育教学活动有着广泛的指导性意义,通过长期教学过程的实践累积而总结出来的经验。所以在形体训练的教学过程当中,需要根据专项特点正确而又符合实际地贯彻体育教学中的各项原则。

1. 由浅入深

无论是单个动作和成套动作的组合或者徒手和器械,还是把上练习和把下练习以及个人练习和集体练习,从这些练习手段来看,形体训练的训练手段都是非常丰富的。所以形体训练的教学内容、教学顺序上的安排一定要科学合理,逐步深化,与此同时也要在运动量和能力的培养等方面遵从循序渐进的原则,切勿急于求成。由浅入深原则有以下几点要求。

第一,在教学步骤的安排上,通常情况下应按由把上练习到把下练习,由原地练习到移动中练习、由局部动作到全身动作、由慢节奏到快速节奏的循序渐进的教学程序进行。

第二,运动练习量必须根据学生的素质水平、技术水平及接受能力等各种实际情况来有区别地进行安排,绝对不能操之过急,违背循序渐进的原则。在其安排上,应该将由小到大以及小中大的顺序结合在一起,使学生能够按适应—加大—再适应—再加大这种有节奏地螺旋式上升的训练方式。

第三,学生学习教材内容时,应当以由易到难、由简到繁的安排方式来教学。讲述教材中的运动动作时应当由单个动作到组合动作,最后讲述成套动作,动作的难度要在先讲解基本动作的基础上来讲解难度动作。教材内容教授结束之后,应及时安排各类动作练习,练习时应前后衔接、承前启后,争取逐步提高,每学习掌握一个动作之后,就要在这个动作的基础上去发展,随之进行变化,加大难度。当然也不能只考虑发展、变化、难度,更要考虑各类动作之间组合时相互的联系,先学习的内容可以作为后学内容的基础。还要考虑各类动作之间的互相促进、动作技能的转移和身体素质的转移等因素。这样做才能不断扩大教材的深度和广度,使教材能够更有系统性、科学性、渐进性。

第四,能力培养要贯穿在整个教学过程中,并且不能过于突兀地加进来,而应当是循序渐进的。因为学生形体训练中掌握技术动作,学习项目机能的同时,绝对不能忽视各项能力的发展。这些能力大概包括单个动作的教学能力、创编动作组合的能力、机械动作组合的能力、全课的教学组织能力等,在进行教学时,应有计划地将这些能力合理地安排在教学的各个学期。

2. 教与学相辅相成

形体训练的教学是依靠教师与学生相结合的双边活动才能够进行的一个过程,其中,无论是对于教师还是学生来说,自觉性和积极性是关乎教学效果的决定因素。而教师由于在这一过程中占据了绝对的主导地位,所以教师的积极性更是重中之重。所以要强调教师在教学过程中要有事业心,除了有精通本课程的理论、技术和教学方法等基本的教学要求之外,更要在课堂上善于启发和调动学生的积极性,注意对学生能力的培养,从而释放学生们的才能。贯彻教师主导与学生自觉相结合的原则时有以下几点要求。

第一,教师应当深刻理解教学相长的意义。教师自身就要有"学而不厌,诲人不倦"的精神。作为教师要不断以新的知识充实和丰富自己,不断把新的科学技术成果运用到自己的教学实践中,力求科学化、现代化教学。除了教学这一基本行为之外,教师在课堂上还要善于发现学生学习中体现出的独创精神,对其进行深度挖掘并着重培养。同时还要善于从学生身上得到启发,从而在教学上完善自己。

第二,教师要在教学过程中从实际出发,不断深入地了解学生,从而能够抓住学生在学习中的关键和难点,根据这些点来熟练地运用教学方法,让学生的学习更加顺利。

第三,教师要注重自己教学的态度。应当以自己严格认真、亲切耐心的态度,加上有条理的教学组织,并且通过丰富的知识去诱导和教育学生。在教学过程中摆事实讲道理,通过向学生耐心讲解形体训练的锻炼价值,开展这项活动的重要意义等来启发他们对形体训练中的各种姿态美、动作美、音乐美及情感美等的感知与表现,使学生自然地热爱这项运动,从而达到启发学生的学习主动性的目的。

第四,形体训练是一项有着讲究美的特点的运动项目,这种特点注定是广大女生喜欢的。所以在教学中必须抓住女生爱美的这一特点,在教学中要耐心,并且应以表扬和肯定进步为主要的激励手段。在评定成绩时,要做到客观、准确、实事求是,树立学生对学习的信心和兴趣,避免任何打压学习兴趣的可能。

第五,教师的自身表现也要有一个"美"的准则,做到使自己的言行仪表给学生的直观感受就是美这些具体体现在饱满的情绪、整洁合体的运动服装、准确优美的动作示范、谈吐高雅、举止大方等,这些对提高学生的学习兴趣都是非常有帮助的。

3. 整体全面发展

人体是一个和谐的整体,人体的各部位、各器官系统功能、各种身体素质之间,既是相互联系的,又有相互制约的关系。形体训练是强调自然、协调的一种运动,对身体全面、均衡的发展都有着积极向上的影响。形体训练中动作种类繁多,每一类的动作都有不同的特点,也就是说,一类动作无法起到全面发展身体各部位或各种能力的作用。比如,在形体训练当中,跳跃动作以发展腿部力量为主,转体动作则注重发展灵敏、控制能力及前庭分析器功能为主。所以教师在教学过程当中为了达到学生应身体全面发展的目的,应当帮助学生熟练掌握各种动作技能,使学生对各类动作均衡掌握。这一原则的贯彻有以下几点要求。

第一,教学计划的制定要使学生在训练时更加有兴致,不觉得枯燥,达到这个目的就应该选择将各类教材搭配在一起来教授,这样就能提高学生的积极性,从而使学生得到全面的身体发展。

第二,形体训练教学课内容的安排要合理。尤其要注重动作的形式、运动量、性质以及学生个体的身体素质等方面都要考虑进去。比如在练习步法后就应当安排躯干部位或上肢动作练习,而在练习原地动作之后安排的应该是移动动作。在练习的类别上,假如一堂课中要安排柔韧练习,就要安排相应的力量练习等方法。这样就可以使身体各部位、各技能、各种素质都能得到全面地发展锻炼。

第三,课程考核项目和内容应当从考虑学生身体全面发展的角度来确定。考核内容应当使用各类组合,各类基本动作技术及各种项目等,使学生通过考核的同时达到对身体功能的全面锻炼的目的。

4. 思想与行动相结合

思想与行动相结合的原则是根据人们对客观事物及其现象的认识规律所发现的教学原则。

人们学习动作的技术是要通过听觉、视觉、触觉以及肌肉的力量感应来感知的,换言之就是说学生通过思维活动的思考,加之反复多次的模仿练习,将所看到、听到以及肌肉在时间、空间对用力程度的感知表现出来,从而建立正确的动作概念。贯彻思想与行动相结合的原则需要注意下列几点要求。

第一,对运动动作生动形象地讲解对学生具有强烈的直观作用。学生在学习动作技术如果能够及时得到教师对动作加以生动简明形象的讲解以及信息明确的提示,那么通过这些讲解就可以有效地使学生对教材有着理解的深刻,以使学生在粗略知晓的前提下进一步明确技术动作的要领及要求。

第二,单单有生动的讲解并不足以使学生完全的理解,再生动,再直观地讲解也不如直接的示范动作来得直接。教师的示范动作是最生动的直观教学,正所谓"百闻不如一见"就是这个道理。形体训练有着优美性、艺术性、实效性特点,因此对教师示范动作的要求也就相应很高,示范动作应准确、优美、规范,有表现力,才能使学生在课堂上直接受到动作的正确形象的影响,从而建立正确概念、强化动作要领、迅速掌握动作技术。由此可知,动作直观教学有着十分重要的意义。如果教师在教学过程中遇到自身动作掌握的问题,利用图片、录像、多媒体等其他直观教学手段也可以很好地进行弥补,让学生们进行观察的途径也会更多。

第三,学生们接受了教师的讲解与示范之后想要对技术动作精益求精,其自身反复的实践练习当然是少不了的。通过肌肉本体感觉来感知正确要领、肌肉用力的程度和方法以及动作的节奏感能使学生建立起正确的表象和概念,从而精准无误地掌握动作要领。

第四,学生积极思考的能力也很重要。在教学中教师除了讲解和示范,更要善于启发学生独立思考,循循善诱,发展学生的想象和独创精神。对形体训练的理论及技术除了要能懂会练,还要知道其原理。这样就能使学生对形体训练有一个很清晰的理性认识,而这种理性认识正是源于看、听、练当中得到的感性认识。教师要善于启发诱导学生通过对动作的比较分析,从而加深对形体训练动作各方面联系的理解,能够区分正确动作与错误动作的界限,达到更好地掌握形体训练专项知识和技术的目的。

5.巩固与提高相结合

巩固与提高相结合原则的根据是运动技能形成的基本原理。形体训练作为一项运动,在其教学过程中也必须遵循运动机能形成的基本原理。根据该原理,学生通过学习获得的技术和技能如果想得到加强,只有通过不断巩固和提高的途径，使其进一步完善和深化，最终才能建立动力定型。教师在教学中要通过合理的教学方法来有计划地安排练习与作业强化所学的动作技术，这样才能达到巩固与提高相结合的目的，从而达到预期效果。贯彻巩固提高原则时应注意以下要求。

第一，在课堂上采用常规性的测验，对学生平时的成绩进行评定，在学生大致掌握动作之后，可以采用让学生用学会的动作进行表演，或者教学比赛。这些形式对于巩固提高所学技术动作的熟练性都有很大的帮助。

第二，形体训练的表现形式多为组合或成套动作，衡量动作质量效果的手段则是采用评分。所以只是掌握动作是不够的，要对已掌握的动作不断提出更加完善的质量要求，才能获得更高的评分。比如可以加大动作幅度，这样可以提高动作的表现力。

第三，学生在课堂上应该得到更多的实践练习机会，练习要按正确动作要领来进行。只有通过多次的重复练习，才能建立运动人体科学中的动力定型。因此，教师在课堂上的讲解应该更加简练易懂，抓住主要问题进行精炼的重点讲解，才能保证学生有足够多的练习机会。

第四，反复练习如果只是长时间停留在某个固定的动作和一个水平上，容易使学生产生很强烈的厌烦情绪。在巩固提高已掌握的技术动作的过程中，最好的方式是采取加难的方法，从而使已获得的运动技能得以迅速提高，达到运用自如的境界。具体方法是在已学动作的基础上，可以对各种组合或成套动作进行编排的方式来练习，或者在某些姿势上做些适当的调整改变，或者可以改变动作的速度、节奏和力度来进行练习等一系列的方法。

6. 一般与特殊相结合

在教学过程中，学生们都应当按照教学大纲、教学计划的统一要求完成教学任务，但同时，每个学生又都是不同的个体，所以必须抓住每个学生其自身不同的身体素质、技术水平、专项意识及智力条件等方面的差异性，从而方便对学生进行个别对待的教学，以达到更好的教学效果。执行一般与特殊相结合原则要满足以下几点要求。

第一，在教学过程中必须正确运用恰当的集体与个别的教学形式。因为在授课过程中，尽管主要的教学形式依旧是集体形式，但为了做到因材施教，还要将个别对待融合到集体教学当中去。所以在教学中除了对所学动作面向全体学生提出一般的要求之外，还要根据每个学生各自独特的情况以及出现的特殊错误动作采用适用于该学生的教法。比如练习时对学生进行个别纠正,根据其学练的情况提出符合其自身的要求和任务。

第二,教师要注意学生达到教学要求后产生停步不前的问题,引导其突破统一的要求,并且提出新的任务,任务的目标是让学生将已经具有的优势和创造精神发挥出来,从而使他们的学习再前进一步,这样更有利于引导学生学习的积极性。

第三,教学内容应考虑到绝大多数学生的实际水平与其水平相符,标准过于拔高反而不能使学生的能力迅速提高。教授时应当采用学生们都能接受的内容。除了教学内容之外,采用适当的教学方法同样很重要,通过适当的教学内容和教学方法来布置教学任务,才能使学生将运动技术、技能掌握好,达到教学目的。

(二)形体训练基本技术的教学方法

1. 完整法和分解法

(1)完整法

完整法指的是教师对所教授的动作的教学方式是完整的,具体来说就是动作开始到动作结束的整个过程不作部分的划分或者分成段落,而是进行完整的讲解、示范、练习的一个过程,从而掌握所授动作的方法,完整法的采用一般用于简单动作和技术易掌握动作的教授。

完整法一开始就能使学生建立正确完整的动作技术概念,明白整套动作的衔接,从而使学生能够在练习过程中不致影响动作结构和动作连接技术,这是完整法最大的优点。

完整法在形体训练中广泛适用于相对简单易学的动作,但是对一些相对来说具有一定难度并且很复杂的动作,除非能够与学生的技术水平相适应,否则不建议过多采用。

(2)分解法

分解法是指教师对所教授的动作,将其按照技术环节分成几个可以成为一个小整体或小的段落进行分解的教学工作,具体来说就是将这些部分进行分解讲解、分解示范、分解练习。分解法一般情况下适用于动作技术较难和不易掌握的动作的教学。

分解法能够有效地减少学生在该套动作初始学习的困难,使复杂动作变得简单,从而更容易掌握动作细节,起到提高学习的效率,增强掌握动作的信心的作用,这是分解法最大的优点。因此,当各部分技术动作熟练之后,最后必须用完整法来串联一遍才能使教学效果更好。

分解法除了能够用于复杂的单个动作、组合动作及成套动作的分解教学,还能起到纠正错误、在熟练的情况下提高动作质量的作用。在形体训练的教学实践中,完整法与分解法要紧密配合,交叉使用,缺一不可,而且还经常与其他教学法融合使用。

2.示范法

示范是最生动、最直观的教学方式。教师运用示范法时,直接做动作向学生进行演示。在形体训练中,动作的示范能给学生最直接的视觉形象,当学习新动作时,动作路线变化较多,做动作时身体各部分的配合较难掌握,这时教师直接做出示范会比讲解能够将技术动作更清楚、更具体、更形象地展示在学生们的眼前,更有利于学生观察、模仿,同时也更容易建立起学生们脑中的动作形象,更容易使学生对此产生兴趣。除了教师自身的动作示范之外,让动作完成较好的学生做示范,更能起到相互学习的作用。

(1)要求

示范要有明确的目的性。做动作示范时,要根据教学的具体任务,明确示范动作能够解决的问题。确定下来让学生看什么、怎么看,使学生能够随着教师的示范,引发对动作的思考。除此之外,教师示范动作必须做到技术正确、姿势优美、节奏鲜明,并且极其富有表现力。

(2)方法

①领做示范

由教师带头,带领学生们一起做动作,教师起着示范的作用,领做示范对学生领会一套新动作是非常重要的。

②正误对比示范

在进行正确动作示范的同时,教师还要演示常见的错误动作,进行正误比较,这样更容易使学生发现错误动作与正确动作的差别,从而纠正错误动作,以便改进。做错误动作示范时注意不要过于夸张,演示出易错处即可。

③完整示范

在做示范动作时展现其完整过程。完整示范比较常用于新学的动作,使学生能够对动作建立正确的概念和形象。组合动作的教授过程中,为了更好地对动作前后连接进行展示,也需采用完整示范。进行完整示范应配合音乐或口令进行,会取得更好的效果。

④分解示范

分解示范就是把完整的动作按照编排的规律分成合理的几个部分或段落,对各个部分或段落进行分别示范。比如一整套动作,教师可以将其拆分为下肢动作和上肢动作,先对下肢动作进行示范,再示范上肢动作。分解示范多用于技术结构或身体各部位配合相对复杂的一些技术动作。

⑤重点示范

根据所学动作或纠正错误动作的需要,重点示范整套动作中相对难以理解的某一技术环节,从而使学生对动作细节和技术关键部分能够有更加清晰地认识。

采用示范法时,在速度上,第一遍示范基本按照常速示范,而当进行第三次示范时,要采用慢速示范,因为放慢动作速度进行示范使学生对动作的理解更加清晰。做示范时一般只有配以讲解,才会取得更好的效果。

(3)位置和方向

教师进行示范时应站在学生都能看见自己示范的位置做动作。教师示范位置一般根据学生所站队形来确定。示范方向应根据动作结构则可以采用镜面示范、侧面示范或背面示范。比如,当进行左右移动、侧伸、侧屈为主的动作示范时一般要采用镜面示范,而进行前后移动、前后屈伸及前后波浪为主的动作一般要采用侧面示范,若带领学生进行练习时,采用背面示范的方法会有更好的效果。

3. 讲解法

语言法中,讲解法是最主要也是最常用的方法。讲解在某种意义上说,是通过言语总结而向学生做出的一种有效"示范"。语言法是使学生初步建立正确动作概念的主要手段。教师在教学中必然要向学生说明学习任务、动作名称,然后动作要领、练习方法、纠正错误,这些过程无一不是通过语言而进行的。只有精妙地掌握了的语言,教师才能准确地阐明技术关键并且进行思想教育。

(1)要求

①有启发性

在对形体训练动作的讲解上,要能够在已知的基础上,去引导学生学会从回忆、联想、比较、分析当中获得新的知识,最后综合成为一个合理的知识体系。讲解过程中可以采用提示的方法,并结合必要的提问,使学生的思考跟教师的讲解在一条线上,从而准确回答问题。

②有科学性

教师所讲解的动作要领要正确合理,能够准确地运用术语,讲述内容能够反映形体训练中新的、先进的信息成果,而且除此之外,讲述内容一定要有逻辑性,否则会对学生的理解造成困难。

③有节奏感和生动性

教师讲解时要讲究音调的抑扬顿挫,注意适当的语言强弱和缓急,伴以生动的手势和眼神,这样可以在视觉上和听觉上都有效地增强语言的感染力,甚至能够表现出讲解的艺术效果。讲解时要注意口气,做到和蔼可亲,尤其是涉及肯定或否定时必须表达清楚。讲解要生动形象,比喻恰当。讲解要能够帮助学生进行形象思维,从而加速对动作要领的理解和动作概念的建立,能够激发学生的学习兴趣和情绪。

④目的要明确,有针对性

讲解要明确怎么讲、讲什么,其主要的依据包括课的不同任务、不同的学习阶段以及学生的不同情况等,做到有的放矢,从而取得良好的效果。

(2)方法

讲解的方法要根据练习的不同目的、任务、要求及完成情况等来具体制定。

①重点讲解

根据课的任务、要求,做到对关键的单个动作的某一部位或某一环节的重点讲解,或根据学生完成组合动作情况,突出某一动作或某几个动作进行讲解。

②正误对比讲解

讲解时用错误的事例与正确动作进行对比,同时以使学生知道错误具体错在什么地方,从而能够准确及时地确认,以达到纠正错误的目的。

③分解讲解

按动作结构、按身体部位或按身体动作,将复杂的单个动作或者组合成套的动作进行讲解。以两脚交叉转体360°为例,初学时,应首先讲解脚交叉左(右)转体动作的技术,待掌握后再去讲解两臂动作的做法、运动方向及与转体动作的配合与节奏。

④完整讲解

对单个动作或简单的组合动作的讲解是从动作开始到结束进行完整讲述。这种讲解方法有利于学生思维的连贯性,但是对于准确理解吸收就需要分解讲解的辅助了。

（3）形式

讲解的形式要考虑到讲解的目的、教学组织及纠正错误的需要等。

①对集体讲

一般用于学习新动作或者大多数学生都出现了一个共同的错误时,采用集体讲解。

②对个别人讲

学生们进行练习时,发现纠正个别或几个出现的动作问题时采用对个别人讲解。

（4）位置和时机

讲解时教师在教室中或运动场中所站位置十分重要。首先要考虑到所有的人都能清楚地听到讲解,但同时还要考虑视觉效果,有时候只闻其声不见其人不利于学生注意力的集中。讲解时要根据学生所站的队形情况、练习的动作结构选择合理的位置。最重要的就是当示范动作结合进行讲解时,要注意让学生能观察到动作的每一面。

最佳的讲解时机能够使学生加深理解动作和及时纠正错误。学习新动作时必须细致讲解,发现错误时要及时讲解加以纠正,以免学生养成动作定向不好纠正。当学生完成动作有进步时,予以肯定评价。但学生在做动作时则不宜过多地讲解,以免影响动作形成。

4. 练习法

练习法是为了使学生更熟练地掌握某个或某套动作而有目的地进行多次重复练习方法。

练习法不同于示范法,示范法做动作的只有教师,而练习法则要求学生必须亲自进行实际操作,通过本体感觉去切身体会掌握动作的技术。练习法在学生学习、提高和巩固动作的过程中既是非常重要的方法,也是教学过程中最基本的教学方法之一。采用练习法时以下几个问题需要予以注意。

（1）要求

第一,学生应当按照教师的教学步骤、要求进行练习。

第二,学生必须按正确动作技术进行练习,及时发现自己的动作走形。

第三,想、看、练结合,认真刻苦,多次反复地练习。

（2）方法

形体训练的练习方法较多,教学过程中经常采用以下几种方法。

①完整练习法

完整练习法指完整练习单个动作或简单的组合动作,即从动作开始直到动作结束,按动作的节奏和次序进行全程练习的方法。

②分解练习法

分解练习法是指把完整的动作按其技术环节,合理地分为几个可以单独练习的部分或段落,分别进行练习,最后完整掌握动作的方法。

组合动作或成套动作的分解练习。常采用按拍节或动作结构进行分段练习的方法,可把组合动作或成套动作分解为二至四段,如 2×8 拍为一段或 4×8 拍为一段,或者根据编排音乐的段落进行分段。分段练习可按前后顺序进行,也可不按前后顺序单独练习某一段动作。

复杂单个动作的分解练习。分解练习法一般分为下面两种方法:一种可按动作结构进行分解,另一种可按身体不同部位进行分解。

③重复练习法

重复练习法是每按动作要领反复进行某一练习的方法,无论是单个动作还是组合动作、成套动作,按顺序或不按顺序,分段或不分段都可采用。

④变换练习法

变换练习法是指在改变条件的情况下进行练习。一般常为巩固和提高动作、培养学生应变能力时采用,如改变练习场地、时间、器械、节奏等。

⑤累积练习法

累积练习法即在分段练习基础上,逐段连接积累的练习方法。例如先练习第一个动作,再练习第二个动作,然后连接第一、二个动作,再练习第三个动作,再连接第一、二、三个动作,这样按顺序进行累积练习。

⑥成套练习法

成套练习必须按动作前后顺序及路线进行,一定的队形变化不停顿地连续完成。一般多在提高动作的熟练性和提高动作质量(如稳定性等)、加大运动量、提高专项素质的情况下采用。为了调动和启发学生的练习积极性,从而巩固和提高动作质量及动作稳定性,教学中还可采用评比法、任务法、游戏法及测验法等多种练习手段。

(3)形式

练习队形的确认对于教学的顺利进行有着很大的帮助。选择队形的因素有很多,主要的几点包括场地、学生人数、动作结构、路线变化及动作中的间隔需要等,在练习中要注意充分利用场地的特点来加大练习密度。

在教学中还应根据学生人数、练习量、时间等因素确定练习形式,常采用以下几种练习形式。

①个人练习

在人数较少及提高成套动作质量时,常安排个人进行练习。

②集体练习

新学动作及纠正多数同学出现的相同错误时,多采用集体练习的形式。

③分组练习

将一班人分为若干组进行练习。主要在人数较多不宜教师观察全体学生练习时以及在巩固提高动作阶段和学生进行相互观摩评比时采用。

形体训练的教学实践证明,无论是单个动作、组合动作或成套动作的教学,还是课程内容是新授课、复习课还是提高课,都需要多种教学方法才能完成教学任务,在这一过程中,往往需要把多种教学方法与手段通过综合的搭配运用才会起到良好的效果。比如教师在示范动作的同时对动作加以讲解,在学生练习的过程中加入提示、口令、示范、示错、助力等方法。因此教学中可以在各单一教学方法的基础上,注意教学方法的综合运用以及灵活组合,才能取得最佳的教学效果。

(三)形体训练基本技术的教学要求

1. 加强基本姿态的训练

正确的身体姿态是表现形体训练的关键。在形体训练教学中应严格训练身体各部位的基本姿态,使其符合形体训练的要求。正确的动作姿态训练一般经过两个阶段。通过持之以恒地运用正确意念来控制动作的训练过程,使之形成正确的动力定型。在通过形体训练来塑造形体的同时,还要美化充实心灵,要求训练时寓情感于动作姿态之中,使其具有感染力。训练手段包括以下几点。

第一,身体各部位不同方向定位的本体感觉练习,如腿向下同方向的屈、伸、踢、旋、绕、弹动、跑和跳、髋部平移、转动、翻动、掀动、扭动;躯干部胸腰肌肉群紧张与放松;上肢屈、伸、摆、绕、旋转等练习建立身体各部位的准确姿势所必须具有的本体感觉。

第二,把杆练习:紧密结合形体训练的训练特点,重点应训练脚背的勾绷、下肢的延伸、挺拔和开度以及对身体各部位肌肉的控制和用力等练习,如借助把杆进行不同方向的踢腿、控腿、弹腿、身体屈伸、波浪、移动、转体等动作。

第三,律动训练:通过屈伸、绕环、摆动、波浪、弹性、松弛等律动性强的基本练习,掌握全身各部位参与运动的正确方法和用力节奏,使身体动作的幅度增大,韵律感增强。

第四,舞姿训练:通过舞蹈基本步伐及动作训练,充分发挥胸、腰、髋部位潜在的表现力。在锻炼躯干部位灵活性的同时,培养优美的姿态、漂亮的手势、灵活的关节以及节奏感、音乐感和身体各部位的综合协调能力与表现能力的统一。

2.提高动作的表现力

在形体训练中,表现力通常是通过面部表情和身体动作两方面表现来完成的。淳朴、自然、真实、富有激情的表现力,能给人以美的享受,会起到感染人、激励人的作用。表现力的训练包括神态、气质和风格三个部分,训练手段包括以下几点。

(1)神态训练

神态训练主要指表情和身体姿态的完美统一,需要通过教师的启发,引导学生自身情感的投入,并经过艺术加工,使举止有情,动作有意。

(2)气质训练

气质是内在的品质,其外部表现应该是刚强与柔韧的有机结合。形体训练动作中很多具有"刚"与"柔"的双重性。如踢腿动作,既要快速有力,又要踢得高而富有弹性,同时上体挺拔,面带微笑,自然朴实,给人以刚毅和自信感。

(3)风格训练

由于每个人所受的文化教育、地域风俗、民族特点的影响不同,其技术风格、动作的风格也不相同。所以,要根据每个人自己的文化背景扬长避短,突出其特点地进行训练。

3.关注教师的表现

在教学中应重视教师自身表现和主导作用的发挥,这对学生获得形体姿态的直观感觉有着重要作用。例如,教师饱满的精神面貌、整洁合体的运动服装、优美激情的动作示范、简练生动的要领讲解、准确清楚的拍节口令、及时的动作提示与错误纠正等对激发学生的学习兴趣,促进其对形体训练的喜爱及顺利完成教学任务等都起着极为重要的作用。

4.重视节奏感训练

形体训练是在音乐伴奏下进行的一项身体练习。节奏感好,可以保证动作的协调,省力、效果好。训练手段包括以下几点。

第一,组合动作不变,在各种音乐风格和不同主旋律伴奏下进行练习,使学生加深对节奏及其与动作关系的理解。

第二,识别音乐节奏和主旋律的练习。从学习乐理开始,进而听音乐节拍

(重音),并按节拍做击掌或跳步练习。

第三,采用不同风格、不同节奏、不同特点的音乐伴奏,完成整套技术的动作练习,把音乐节奏特点与主旋律内涵通过动作表现出来,达到动作与意境的统一结合。

第四,采用同样的音乐伴奏,同样的组合动作,对节奏进行不同的处理,使学生从多方面理解音乐节奏及节奏与动作的关系。

第五,在相同节拍、相同旋律的音乐伴奏下完成身体各部位不对称动作的组合练习。

5.应用组合教学方法

形体训练教学中,在掌握若干个单个动作的基础上,应重视并及时进行组合动作的教学。形体训练各类组合练习可以培养学生的协调性、韵律感、表现力,是巩固和提高所学各类动作技术的有效手段。所编选的组合动作应符合教学任务及学生水平,如对初学者应编排以巩固基本动作为主的、简短的、有规律的组合;对有一定技术基础的学生,则可使组合的内容、结构及长短等都有所变化,难度有所提高。进行组合动作教学时,一般先分节(分段)教会,逐节(逐段)连接,再完整练习。

三、不同身体部位的科学形体训练

(一)颈部训练

1.颈部前后屈

预备:双脚开立,两手叉腰。

第1拍:头前屈。

第2拍:头还原。

第3拍:头后屈。

第4拍:头还原。

第5~8拍:重复1~4拍的动作。

2.颈部左右屈

预备:双脚开立,两手叉腰。

第1拍:头向左转。

第2拍:头还原。

第3拍:头向右转。

第4拍:头还原。

第 5~8 拍:重复 1~4 拍的动作。

(二)手臂、肩部训练

1. 两臂上托

预备:两脚开立,与肩同宽,两臂自然下垂,挺胸收腹。

1~2 拍,两臂向上举起,一手掌心向上,一手拉另一手的手指。

3~7 拍每拍一动作,下拉上顶的手。

8 拍还原。

第二个 8 拍换另一手练习。

2. 手臂摆动绕环

预备:两脚分开与肩等宽,两臂在身体两侧自然下垂。

1×8 拍的 1~4 拍,左手向前,右手向后绕环。

5~8 拍重复 1 次。

2×8 拍的 1~4 拍,左手向后,右手向前绕环。

5~8 拍重复 1 次。

3×8 拍双手同时向前绕环拍动,反复 4 次。

4×8 拍双手同时向后绕环拍动,反复 4 次。

3. 下拉肩

预备:背对肋木站立,距肋木为 30~40 厘米,两手体后握肋木。

1×8 拍的第 1 拍,双手与肩同宽握杆,上体前倾。

第 2~7 拍控制不动。

第 8 拍还原成预备姿势,反复练习 8 个 8 拍。

4. 侧压臂

预备:两脚分开站立,与肩同宽,两臂身体两侧自然下垂。

1×8 拍的第 1 拍,左手臂直臂上举,右手屈肘头后抓住左上臂。

2~8 拍,慢慢地向右侧拉左肩关节。

2×8 拍右手拉至最大限度时,控制 1 个 8 拍,慢慢放松,反复交换手练习。

5. 压肩韧带

预备:面对肋木上体前倾,双手臂伸直放在肋木上,双脚开立。

1×8 拍的第 1 拍,上体用力向下压,将肩关节拉开,一拍一压。反复练习 4 个 8 拍。

6. 侧反拉肩韧带

预备:两脚左右开立,身体侧向肋木站立,一手握比肩稍高的肋木杆。

1×8拍的第1~2拍,右手扶肋木,身体向左扭转。

3~4拍还原成预备姿势。

5~8拍重复第1~4拍的动作。

2×8拍,扭转至最大限度时,控制1个8拍,反复练习4个8拍。

(三)胸腹部训练

1.仰卧起坐

预备:仰卧平躺在地毯上,双腿屈膝平踩地面,双手体侧上举。

1×8拍的第1拍,收腹上体直立,向右转体90°,左手向右腿方向延伸,右手向左后方向伸直。

第2拍保持1拍的动作姿势。

第3~4拍还原成预备姿势。

5~8拍同1~4拍,动作相同,方向相反。

反复练习4个8拍。

2.仰卧两头起

预备:开肩仰卧平躺在地毯上,双腿并拢伸直,绷脚尖。

1×8拍第1拍,用力收腹,使上体和双腿同时抬起超过45°,双手与脚在最高点接触。

第2拍还原成预备姿势。

3~8拍重复1~2拍动作。

反复练习4个8拍。

3.收腹剪腿

预备:开肩仰卧平躺在地毯上,双腿并拢伸直,绷紧脚尖,双手往上举,贴于耳侧。

1×8拍双腿略抬离地面15°~25°,双腿上下交替,两拍一换。

2×8拍双腿左右交错,连续练习。

反复练习4个8拍。

4.扭腰仰卧起坐

预备:仰卧平躺在地毯上,双腿并拢屈膝,手臂屈肘抱头。

1×8拍的第1~2拍,用力收腹至上体或斜后倾45°,向右扭腰。

3~4拍上体向左扭转。

5~8拍回落至预备姿势。

反复4个8拍。

5.收腹控腿

预备:仰卧平躺在地毯上,双手扶于头后,双腿并拢伸直绷脚尖上举成90°。

1×8拍的第1~2拍,上体抬起用力收腹,抬腿。

第3~4拍还原成预备姿势。

反复练习4个8拍。

6.平躺两侧举哑铃

预备:脸朝上平躺在训练用的长凳上,双脚分开平踩在地上,双手各提一哑铃放在大腿前面。

1×8拍的第1~2拍双手握哑铃提至胸部附近。

3~4拍向上举起,微屈肘部和腕部,并使指关节相对。

5~8拍吸气,同时将双臂分别伸向身体的两侧,然后屈肘。

2×8拍控制着不动。

反复练习4个8拍。

(四)腰背部训练

1.含展胸

预备:上体直立,双手头上举相握,右脚前点弓步。

1×8拍的第1~2拍含胸低头,交叉的腕关节前屈。

3~4拍展胸抬头,腕关节后屈。

5~8拍重复1~4拍的动作。

2×8拍,一拍一动重复第1个8拍的动作。

反复多次。

2.坐姿胸腰

预备:直角坐在地毯上,双腿并拢伸直,绷脚尖。双手置于体侧,中指尖点地。

1×8拍的第1~4拍向后下腰。

5~8拍控制不动。

2×8拍的前1~2拍举双手。

3~4拍体前屈,胸贴大腿。

5~8拍双手带上体向后下胸腰。

反复练习多次。

3.坐姿甩腰

预备:上体正直,分腿坐,双手侧举,手心朝下。

1×8拍的第1～2拍,上体向右倾斜,下旁腰。

3～4拍向左倾斜下旁腰。

5～8拍双手带动从左至体前到右后腰绕环,成一手支撑分腿立扭腰。

2×8拍在分腿立腰的姿态上控制1个8拍。

3×8拍、4×8拍动作与前两个8拍相同,方向相反。

进行多次练习。

4. 坐姿扭腰

预备:上体正直,盘腿坐在地毯上,双手抬平,小臂弯曲搭肩。

1×8拍的第1～2拍,向左拧腰。

第3～4拍向右拧腰。

5～8拍,一拍一动,以臂带动腰扭动。

2×8拍方向相反,动作相同。

反复练习多次。

(五)臀髋部训练

1. 开胯

预备:练习者含胸坐在地毯上,双屈膝,脚尖点地,两手撑于膝关节处。

1×8拍的第1～2拍,双手推膝关节成开胯姿势下压一次。

3～4拍,膝还原成预备姿势。

5～8拍同1～4拍。

2×8拍为一拍一动,开胯时,脚心相对,侧屈膝,一拍一下压,颤动1次。

3×8拍、4×8拍,双手用力下压膝关节,控制2个8拍。

反复练习多次。

2. 平躺单臂触腿外侧

预备:脸朝上平躺在地毯上,背部紧贴地面,双手置于体侧,掌心朝下。

1×8拍的第1～拍,将左手放在右大腿外侧,将右膝压向左侧的地面。

5～8拍保持第4拍的姿势,控制4拍。

2×8拍时重复上述动作,改为屈左膝并将它压向右侧。

反复练习8个8拍。

3. 平躺屈膝双手触大腿内侧

预备:脸朝天,平躺在地毯上,屈膝并让双腿踩在地上,背部紧贴地面。

1×8拍的第1～4拍,双膝分开,脚后跟相互并拢,双手放在两大腿的内侧,用力向下压3次。

5～8拍,双膝并拢屈膝。

同样的动作练习4个8拍。

4. 坐姿双腿外分

预备:分腿坐在地上并保持背部平直挺胸,同时向内收腹,双手扶大腿内侧。

1×8拍的第1～4拍,从腰部开始保持躯干笔直状态,从臀部开始向前屈身,同时双手平放身前的地上。

5～8拍时还原,要塌腰,挺胸,抬头。

反复练习4个8拍。

(六)腿脚部训练

1. 站姿正压腿

预备:面对把杆站立,上体正直,双手叉腰,左腿支撑,右腿放在把杆上。

1×8拍的第1～2拍,上体前倾压腿。

3～4拍还原成准备姿势。

5～8拍同1～4拍。

反复练习。

4×8拍后,前倾压腿控制2×8个拍。

2. 坐姿压腿

准备:直角坐在地毯上,立腰、立背、头向上顶,双手屈臂放在大腿两侧。

1×8拍,一拍一次,双脚并拢,上体前压,前压时稍抬头,用胸腹部尽量贴近大腿面,双小臂贴近地面。

2×8的第1～2拍两腿分开,上体向左侧压,右手三位,左手一位。

3～4拍上体还原直立。

5～8拍与1～4拍的方向反。

3×8拍两腿分开,上体前压,1拍1次,慢慢前压至最大限度。

4×8拍的1～4拍双腿一屈一直分腿坐,上体侧压,2拍1次。

5～8拍换1～4拍的反方向做。

3. 站姿后压腿

预备:上体正直,右侧对把杆,左脚支撑,右腿向后伸直放杆上,右手扶把杆,左手三位姿态。

1×8拍的第1～2拍,上体后倒压右腿。

3～4拍还原成预备姿势。

5～8拍同1～4拍。

2×8拍的1~2拍,上体后倒压后腿的同时屈左膝。

3~4拍还原成预备姿势。

5~8拍向后屈左膝压右腿4拍。

反复练习两遍后换腿练习。

4. 站姿侧压腿

预备:侧对把杆,上体直立,左腿支撑。右腿绷脚面放在杆上,右手扶杆。

1×8拍的第1~2拍,上体向右侧倾压腿。

3~4拍还原成预备姿势。

反复练习。

4×8拍后侧倾压腿控制2×8个拍。

5. 正踢腿

预备:练习者平躺在垫子上,双手直臂置于体侧,手心向下,双腿并拢伸直,绷好脚面。

1×8拍的第1拍,左脚向上踢起。

第2拍慢回落至预备姿势。

3~8重复1~2拍的动作。

反复练习4个8拍,后向上举抬腿4个8拍,两腿交换练习。

6. 侧踢腿

预备:身体侧卧成一直线,右肘撑地,手指向前,手心向下,大臂垂于地面,左手体前撑地。

1×8拍的第1拍,左腿向侧上方踢出。

第2拍回落成预备姿势。

3~4拍同1~2拍,5~8拍同1~4拍。

练习4个8拍。

5×8拍的第1拍,左腿向侧上方踢出至最大幅度。

后控制4×8个拍,换腿练习。

7. 正弹踢腿

预备:练习者直腿坐撑于地面,脚尖绷直,抬头挺胸。

1×8拍的第1拍踢左腿。

2拍屈膝右侧坂地。

3拍弹踢右腿。

4拍还原成预备姿势。

5 拍收双腿成双点地。

6 拍弹踢双脚。

7 拍上下剪腿。

8 拍还原成预备姿势。

反复练习 4 个 8 拍。

8. 侧卧弹踢腿

预备：身体侧卧成一直线，右肘撑地、手指向前、掌心向下，大臂垂于地面，左手体前撑地。

1×8 拍的第 1 拍左脚向左上侧起踢出。

第 2 拍左脚屈膝在右腿前点地。

第 3 拍同第 1 拍。

第 4 拍还原成预备姿势。

第 5 拍左脚前踢。

第 6 拍后踢。

第 7 拍同第 5 拍。

第 8 拍后踢至最大幅度后，左手前上伸，控制 4×8 个拍，交替练习。

第二节 健美操动作创编教学

一、健美操创编的要素与依据

(一)健美操创编的要素

所有成套的健美操动作都由一些基本的要素所构成。从构成动作的外部表现来看，包括完成的动作和伴奏的音乐；从成套动作存在的载体来看，主要包括空间和时间。健美操的创编是将所有因素通过动作展现出来，要求动作表现得热情、奔放、有活力；每个动作之间衔接巧妙、流畅；动作组合连贯、新颖；音乐选择有韵律、有节奏。健美操创编有以下几个要素。

1. 动作要素

动作形式包含动作的节奏、动作的起止路线、动作的力度。动作的多种运动形式之间存在着内在的统一。健美操的基本动作对动作的轮廓有界定，赋予动作外形和过程。动作形式间的相互转换以一种动作形式衍生出另一种动作形式，体现出起伏、流畅和协调，表现一种藏于身体内准备用动作形式表现的欲望。

动作形式间的转换,以身体运动的连续表现出的美感和后继动作的节奏实现前后呼应,在情感与动作形式充分地融合后体现出美感。动作形式的表现方法有两种:一是把自己融入动作中,表现动作自身的精神实质;二是把自己融入动作中,对动作自身的精神实质加以体会,表现的是动作的过程,充分体现出健美操运动的精神风貌。

2. 音乐要素

音乐伴奏是健美操运动中不可或缺的角色。它与动作相互配合,相互促进,形成一个完美的整体。音乐在健美操中不仅是一种节奏或音符,而且是非常重要的构成要素。一方面它对于动作的编排起着组织、串联的指导作用;另一方面对整体动作的气氛起到渲染和烘托的作用,抒发出情感,表现出风格,有助于练习者展现出个人的魅力。通过乐曲的渲染、烘托,动作变得更加生动活泼,更具有艺术表现和审美情趣。

3. 空间要素

进行健美操运动的场地有很多种,比如室内的健身房、舞台,室外的操场、公园等,这决定了健美操会受空间条件的制约。如在健身房、公园进行的健身健美操和在舞台进行的表演健美操,在动作幅度和队形变化受场地限制。健美操动作的空间特征主要表现在表演者方向的确定,路线和空间层次的选择和应用以及集体队形的变化等方面。

(二)健美操创编的依据

1. 依据练习者的基本特征

健美操是一项参与性较强的体育运动项目,具有老少皆宜的特点。所以在健身健美操的创编过程中要考虑到不同年龄群体的特征,对练习强度、感受能力、表现能力等方面区别对待,做到有的放矢,考虑到所有人群。在创编风格、技术难度、负荷大小等方面因人而异,这样锻炼才会收到效果。

(1)练习者的年龄特征

人有不同的年龄阶段,各阶段中的生理、心理具有显著差异,因此,健美操的创编也有很大的区别。

①儿童少年

儿童少年含苞初开,处于最天真、最烂漫的时期,因此为他们创编突出活泼、向上的,动作力度、身体负荷不可太大。儿童健美操动作具有自然、轻松、欢快、易于模仿,可多一些活跃性、趣味性较强的动作,配以儿童喜欢的歌谣、音乐等作为伴奏,充分发挥少年儿童爱表现、爱模仿的特点,反映出小孩的天性。

②青年人

青年人正值青春,是人生最美好的时光,他们体力充沛、精力旺盛、身体素质处于最好时期,可选择动作幅度大、速度快、力度强、富有韵律的动作,配以节奏强劲、动感十足的音乐,以突出青年的奔放与激情。

③中老年人

中老年人处于人生的夕阳时期,适合进行简单、安全、舒展的动作,力量和速度都不可太强。既要突出稳重大方,又要让他们展现出活力,感到"越活越年轻",对生活充满乐观,在音乐选择上注重更平缓的乐曲。

(2)练习者的性别特征

健美操向外界展示的是人体的力、美、健。因为人具有性格差异,因此美的表现方式完全不同。男性力量更足,在创编时要在选择和设计上着重表现男子的阳刚之气,表现出豪迈洒脱的动作造型。女性具有阴柔之美,女性的柔韧性、敏捷性更好,在编排上可多一些舒展、柔美的动作,多采用舞蹈性动作,展示女性矫健的身姿。

(3)练习者的身体状况特征

健美操的主要特征之一是健身性,发展人类的基本运动素质,创编健美操应该在安全的前提下,表现出健美操的健身性。因此,创编健美操应依据练习者的身体条件,充分考虑其自身的综合因素,根据练习者身体的协调性、灵活性、柔韧性、节奏感等能力,同时考虑练习者的身体健康状况特征,有针对性地创编负荷量合适、动作难度适宜的健美操,追求健身的实效性。

2.依据场地、设施的环境条件

健美操的创编除了考虑练习者个人情况外,还应该把健美操健身、比赛或表演的场地、设施等环境条件作为依据。健美操在室内、室外都能进行,一般来说,场地设施较好时,可以创编难度稍大些和较为复杂的健美操;而设施条件较差,则需要降低健美操的难度,防止意外事故发生。另外,健美操的表演或比赛的人数没有太多限制,从几人到几百人,甚至上千人一起做。因此,随着人数多少的不同、场地设施的变化,健美操的创编要根据场地条件及时调整,使健美操的创编与场地、设施等环境条件达到最佳结合。

3.依据健美操基本技术的特点

健美操动作是以身体各关节的灵活性、肌肉的弹性、韧带的伸展性为基础,在身体各部位参与下进行的,严格意义上说是在身体标准姿态控制技术基础上的有节奏的弹动技术。健美操运动不断深入发展,健美操不断借鉴和吸收其他项目的优点,技术发展日渐成熟,越来越符合大众的健身需求。健美操运动的特点包括身体节律性弹性特点、身体姿态的控制性特点、身体的协调性特点,还派生出力度特点、重心移动等特点。健美操的创编要结合这些特点,使练习者在健美操的练习中遵循项目的技术特点进行练习,充分体会到健美操的魅力。

(1)身体节律性弹动特点

健美操在运动过程中自始至终保持着明确的动作节奏感,体现在过程中的重心上、下起伏,动作节奏始终与音乐节奏吻合,通过髋、膝、踝的弹动完成动作。健美操动作的显著特征之一是弹性,包括身体各关节的屈伸和缓冲弹性,身体各部分肌肉的屈伸弹性,其比较重要的是身体各关节的屈伸。各个关节的正确屈伸有助于缓冲压力,放松神经,协调肌肉运动,另外,身体各部位的弹性也使健美操动作表现出动感活力。健美操创编应该依据健美操的弹性特点,使练习者在练习中充分体验健美操动作的独特魅力。在动作过程中,重心上、下有节奏地起伏是动作流畅的前提。

(2)身体姿态的控制性特点

在健美操运动过程中,无论动作怎样复杂多变,整个身体要求始终控制在标准健康位置。这里的身体标准姿态的控制技术包括身体重心的正确位置,身体各环节的正确位置,身体各关节的正确屈伸,身体各部分肌肉的正确收缩与放松。正确的身体姿态的控制技术使练习者身体各部位协调运动有助于练习者更加有效地锻炼,预防身体各关节屈伸过度、肌肉过于收缩或过于放松造成的伤害事故的发生,这就是健美操身体姿态的控制性特征。即便在长时间的复杂多变的步伐组合过程中或动作后,整个身体的标准姿态也不被破坏。通过对身体姿态的控制来体现动作的速度、幅度等,展现健身健美操的动作特点。体现健身健美操所特有的动作力度,并通过对身体姿态的控制提高人体的体态美。健身健美操创编应该依据健美操身体姿态的控制技术特点。同时,优美的身体姿态会给人以美的享受,提高观赏性。因此,在健身健美操创编过程中,动作的创编应该充分考虑到身体姿态的控制技术特点,体现健身健美操的技术特点。

(3)身体的协调性特点

一套完整的健美操动作基本涉及全身的运动,几乎各大小关节及大小肌肉群都要参加运动。动作越复杂,单位动作速度就越快,变化的过程就越流畅,对练习者的要求就越高。为此,要让肌肉保持紧张与松弛的结合,需要关节屈伸动作的节奏和谐配合。健美操动作很多都是所有关节的运动,很少是单关节的局部运动,不仅有对称性动作,而且还有许多非对称的或依次完成的动作。所有动作都要求肌肉、关节协调配合完成动作,体现身体的协调能力。

(4)健美操的重心移动特点

健美操创编应该依据其动作的重心移动特点,要求身体重心移动平缓。在日常的练习中,如果重心移动幅度过大,速度过快,非但达不到锻炼效果,而且容易造成练习者出现关节、肌肉扭伤。因此,健美操创编应该注意健美操重心移动的特点。

二、健美操创编的原则分析

健美操成套动作的编排是一项复杂的工作,它涉及对象、目标、顺序、运动量与强度和艺术风格与难度等问题。不同类型的健美操既有共同遵循的规律又有各自的特点。

(一)健美操创编的一般原则

1. 明确的目的性

把健美操创编成套,首先要明确创编的目的、任务。做操的目的有很多,有健身、矫形、减肥、保健等。有的健美操是为了培养身体姿态,有的是为了进行形体训练,有的是为了加强身体素质的发展,有的是为了健美,有的是为了预防颈椎病、肩周炎等某些疾病。根据这些不同的目的和任务,在创编上有不同要求。

2. 动作与音乐的统一性

音乐是健美操的灵魂,健美操如果没有好的音乐进行伴奏,那么就做不出健美操的节奏和韵律,体现不出美感。健美操的特点和风格是通过音乐的协调配合表现出来的,没有音乐是不行的。因此,动作的性质、节奏、风格以及练习者的情绪与音乐的旋律、风格必须融为一体,否则就显现不出艺术性。音乐节奏快慢与强弱、音调的优美和谐,能够关系到动作节奏的快慢、动作力度和幅度的大小、动作起伏及运动负荷的大小等。动作和音乐旋律协调一致,能够激发人练习的情趣,体验到愉悦,享受到运动的魅力,就能通过健身达到陶冶情操、调节情绪的目的。

在选择健美操的音乐上,一般有三种情况。

第一种情况是先确定配乐,再按照音乐的节奏、特点、风格、音乐的段落来设计健美操的动作。

第二种情况是先创编好动作,再请相关人员谱写乐曲。相关的谱曲者可以根据成套动作的节奏、风格和高低起伏来配制乐曲,以达到理想的效果。

第三种情况是先编好动作,根据编好的动作选择现有的乐曲,可能出现动与音乐旋律不尽相符的状况,因此,根据乐曲把其中不和谐的动作进行改进,尽量使动作与乐曲和谐一致。选用已有的音乐一般需要拼接,在拼接过程中保持乐曲的完整性,不能不分段落地任意切割。

3. 动作设计的创造性

健美操动作内容丰富多彩,创造的素材和灵感源于生活。在生活中看到和想到的动作,通过精心地加工能创造出新颖的、优美的、符合时代特点的全新动作。健美操动作需要不断创新保持不竭的动力,保持旺盛的生命力。

动作设计上要体现出健美操的特点,将体操与舞蹈动作结合起来再创造。现代健美操的每节动作多是以组合的形式出现,重点突出某个主要部位的运动。另外,可以将现有的一些动作素材通过改变开始姿势、动作方向、幅度、速度、节奏、路线等方法以及结合具体对象,改编成动作合理的、实效性较强的、新颖的、优美的动作。成套动作中,每个动作的衔接上也要有创造,衔接要巧妙,给人以流畅、完整的感觉。

4. 动作设计的艺术性

健美操既是一项锻炼身体的运动,也是一种艺术表现形式。因此,在单个动作设计上,要细腻、大气,力求使体操动作艺术化、舞蹈化、体操化,可以吸收现代舞、民族舞的动作,结合健美操的特点进行再创造,使动作"活而不乱""美而不花",注意多方向、多角度、多层次地展开。整套动作的艺术处理上,要讲究抑、扬、顿、挫、起、承、转、合,注意动作的大小搭配、左右回旋、上下起伏和快慢交替。每个动作的连接不能太满也不能太快,要留有余地,给集体队形变化留出时间和空间。

(二)健身健美操的创编原则

健美操动作的设计应优美、舒展、大方、健康、有活力,符合健美操的特点和练习者年龄的特点。只是把一些固有的动作进行串联是远远不够的,要注重健美操的本质与特点,在整套动作上的结构与时间、空间、运动方式、风格特点、音乐等因素有机结合。成套动作的运动类型与难度动作选择必须均衡,具体表现在以下两方面。

一是类别数量的均衡,即在动作中尽可能地把动作的类别及数量进行恰当地安排,应根据目前动作的发展及练习者的特性而定,不是安排的难度越大越好。

二是结构上均衡,对成套动作中所有动作的前后安排得均衡,不能让某个动作出现太多次数,要表现出动作类型、方向、空间的变化。

1.鲜明的针对性

根据参与者年龄、性别、兴趣爱好、运动能力、身体情况的特征,以及发展或改善身体某部分的需要,编制各种形式的健身健美操,以达到参与者某种需求,这就是针对性原则。创编健身健美操时首先要进行认真的调查研究,针对参与者的心理和生理特点及时间、场地、器材条件和练习对象的要求,全面考虑多种影响因素。

2.全面安全、无损伤

在健美操创编的过程中,选择的内容要使人体各部位的关节、肌肉、韧带得到全面的发展,改善内脏的功能,应包括头颈、上肢、下肢、躯干各部位的动作。头颈动作应有头颈的前后屈、左右侧屈、左右转动、绕及绕环等动作,上肢动作应有肩、肘、腕、指各部位的屈、伸、举、振、摆、绕与绕环等动作,下肢动作应有髋、膝、踝、趾各部位的屈、伸、举、摆、绕、转、踢等动作,躯干动作应有胸、腰各部位的前后屈、左右侧屈、左右转动、绕与绕环等动作。

另外,可以采取选择走、跑、跳、转体、波浪、造型等多种多样的动作,促使身体得到均衡、全面的锻炼,同时还要保证动作的安全性,避免出现损伤。

3.合理安排动作顺序

健身健美操的编排结构可分为三部分。

(1)准备动作

准备动作即活动远离心脏的部位,如以踏步开始准备动作,然后加深呼吸或进行头颈活动,之后再进入主体部位的活动。要求是动作柔和、速度缓慢,在一开始为整体动作打好基础,做好身体和精神上的准备。

(2)基本动作

基本动作从头颈或上肢动作开始,再进行肩、胸、腰、髋和下肢等多关节部位的全身运动和跳跃运动。

(3)结束动作

结束动作是整套动作的收尾,一般应选择一些幅度大、速度缓慢、轻松自然地整理四肢和躯干的练习,使身体和心率尽快恢复到运动前的状态。

一般每套健美操动作由若干大节构成,每一大节侧重发展某一部位的任务,通过不同角度去影响身体的某一个部位,使该部位得到充分、全面的锻炼。如编排体转运动时,可采用站立、半蹲、出髋及变换上肢做转体运动;编排肩部运动时,可采用提肩、前后摆肩、肩部前、后绕及绕环,配以不同的下肢动作,把肩部活动的每种做法组成一个小节,由若干小节构成一个大节。每套动作的节数和每节动作的重复次数,根据参与者的需求和特点来定,通常由 10~12 大节构成。

4.合理安排运动负荷

编排健身健美操时,必须遵循人体的生理循环规律,运动负荷由小到大,心率变化由低到高,逐步、稳定地上升,体内代谢达到最高速率,之后速率开始降低,趋于稳定,直到运动结束。编排动作由易到难,速度由慢到快,强度由弱到强,循序渐进,当达到稳定负荷后持续一段时间,之后开始降低并逐渐减小,直到运动结束。

(三)竞技健美操的创编原则

竞技健美操在我国是一种独立的体育竞赛项目,发展得日趋成熟与国际同步。竞技健美操的创编作为竞赛的先导环节,直接体现出运动员的竞技水平,直接关系到运动员的比赛成绩。在竞技健美操中,明确创编的指导思想、研究并遵循竞技健美操的创编原则是表现出竞争力、取得好成绩的因素之一。

1.适应规则变化性原则

比赛规则是保证比赛公平的前提,所有参赛者都必须遵守它。比赛规则某种程度上是衡量动作编排及完成情况的标尺,能够评判整套动作艺术、完成、难度等各个方面的优劣;规则在某种意义上又是指南针,为动作创编者和参赛运动员指明了道路。因此研究并执行规则不仅仅是教练和运动员的职责,同时也是创编者进行动作创编的依据和原则。

21 世纪,竞技健美操规则取消了对称及组合性动作,保留了 6 大类难度,发展为 7 个层次,对难度动作数量加以限制,一个成套中最多出现 16 个难度,以 12 个最高难度计分,除此之外对动作的连接、操化动作的运用、场地空间的运用、艺术性、创新与动作变化上也有详细的规定。

21 世纪初,竞技健美操规则又把六类难度合并为四类难度。具体难度如下所示。

A 类:俯卧撑、倒地、旋腿与分切。

B 类:支撑与水平。

C 类:跳与跃。

D 类:柔韧与平衡。

此外,还规定难度动作数量限制为 12 个,允许两次腾空成俯撑动作,地上动作不得超过 6 次,取消艺术加分等。在比赛过程中,对于整套动作的评判是以规则来进行的,因此创编者在创编前首先必须明确的是要遵循规则、认真学习比赛规则,同时对规则中所规定的各项条款特定规则、补充规则的具体要求都能理解和掌握。全面了解规则和要求后,在编排上才会做到准确和严谨,才能在竞赛中取得成功。

2.提高竞技性原则

竞技健美操作为一项竞技体育运动,最终目的是要通过比赛区分优劣,比赛能够检验运动员日常训练的效果,优秀的成绩和表现源自运动员平常刻苦的训练和练习。如何表现出运动员的竞争力,是成套动作的创编上需要注意的一个问题。

国际体联健美操委员会在国际体联会议上指出:"我们要严格维护健美操特色"。健美操在比赛中的特色在于身体姿态的控制技术基础上表现出有节奏、有韵律的弹动控制技术。这种技术的竞技特征表现为动作的难度与配合,动作形式的花样与连续性,身体负荷的高强度等。所有这些都是围绕着体现运动员的身体素质(即力量、耐力、速度、柔韧、灵敏、协调能力)、独特的吸引力(动作设计、动作表现及气质)、智慧(动作表现出的战略战术和不同层次)心理素质(情绪和情感的表现)而进行比较的。对于这些所有的综合考量,直接反映出竞赛中运动员的竞技能力,因此在编排中体现竞技健美操的竞技能力是创编中另一个重要的指导思想,也就是我们所说的竞技性原则。

竞技性原则在竞技健美操编排中的运用主要表现在如何提高运动强度,具体原理是竞技健美操体现着运动员的竞技能力,要想在比赛中取得较好的成绩就要编排出高强度的动作内容,从而体现出运动员的竞技能力。想要理解竞技性原则,首先要理解决定竞技健美操强度的因素,具体有以下内容。

(1)决定竞技健美操强度的因素

①动作频率

单位时间内完成动作的数量,以高速度完成动作,展示出完成复杂、快速动作的能力。

②动作速度

完成单个动作的时间快慢,展现出动作的力度。

③动作幅度

运动员大幅度完成动作的能力。

④耐力

在成套、没有间歇的动作中保持心血管系统运动强度的能力。

⑤抵抗重力的运动能力

腾空高度、爆发力,尤其是连续完成空中动作的能力。

以上各因素能直接影响和决定着运动员的竞技能力。

(2)竞技性原则下健美操的创编要求

在编排整套动作时,考虑上述因素的同时,也要按以下要求创编。

第一,下肢步伐一直处于弹动状态,多采用高强度的步伐,如后踢腿跑,弹踢腿、开合跳等,也可采用这些步伐的变形步伐。

第二,上肢动作在1个8拍中必须出现一次极限的上肢伸展,即出现一次垂直方向的最高点。

第三,两只手臂都必须有相关动作,不能出现只活动一只手臂的动作。

第四,在成套动作中,不能出现没有动作的停顿,即使两拍也不能停下来。

第五,在成套动作中,必须出现至少1个8拍的动作节奏变化,也就是提高动作频率的编排。

第六,把比赛场地分为相应的几块区域,在提高竞技健美操强度的编排中,增加区域移动的编排。

第七,集体项目中,减少配合、托举动作前的准备动作。

第八,增加身体运动的方向、面和转体。

需要注意的是,必须清楚竞技健美操要求运动员完美完成每一个动作,因此教练在编排过程中必须了解运动员的能力水平,宁愿采用运动员可以掌握和完成的、难度稍低的动作,也不要贸然采用运动员没有熟练掌握的高强度动作。

3. 针对性原则

(1)针对运动员的特点创编

创编者要根据运动员的特点创编出不同风格的健美操。每个运动员之间都有差异,除了个体上的差异,还有运动能力、身体素质、技术、动作习惯等方面的差异。所以,教练员在创编中应充分掌握运动员的个体特性及各方面的情况,并充分挖掘每个人的潜力,考虑到每个人的特点去创编才会收到好的效果。例如有的运动员弹跳能力好,给其多安排一些跳跃性强,难度大的动作,令其充分展现优美的跳跃步伐、轻盈的空中姿态;对于柔韧性好的运动员,可以编排难度较大的劈叉、平衡、多方向的踢腿动作等,展示其舒展优美的肢体和矫健的身手;有的运动员力大无比,可以编排一些难度较高的俯卧撑、支撑等动作,表现出力量的刚劲之美。

(2)针对项目的特点创编

竞技健美操详细分类有男女单人操、混合双人操、三人操、六人操五个项目。单人项目不用考虑配合和队形的问题,其动作语汇的丰富独创和特定动作设计的难度是创编的核心。而集体性项目创编要强调一致性和整体性,讲究整个队伍的对称或均衡,同步与配合动作的巧妙组合以及整套动作造型的全景效果。

4. 整体性原则

竞技健美操也像健身健美操一样以全面整体健身为根本目的,但在其创编中所坚持的全面整体性与健身健美操的要求是不一样的,它不一定按照由远而近、自上而下的顺序全面整体设计身体各部位的运动,而主要是全面发展人体整体的力量、柔韧、灵敏、耐力等身体素质。因此,在创编过程中,教练员必须考虑到在编排中如何更好地展示运动员整体的身体素质。整体性原则的运用在创编过程中主要表现为对难度动作的选择。

整体性原则是指在成套动作中,各类难度动作能够达到一种最佳组合状态,处于一种和谐与平衡,不让某一类难度过分地集中出现。事实上,每一类难度动作都体现着人体不同的身体素质,在挑选难度动作时,也应该考虑所选择难度动作组别的均衡性,以体现运动员整体的身体素质,使成套动作的难度动作数量比值基本与四个组别的比值接近。

5. 创新性原则

竞技健美操在竞争上越来越激烈,若想在群英荟萃的竞赛中脱颖而出,动作的新颖和独特是取胜的钥匙。从某种意义上来讲,创新是竞技健美操发展的生命,没有创新,竞技健美操的发展就会停滞不前。竞技健美操的创新可以从多方面着手,比如动作的创新、队列的创新、连接的创新、音乐的创新等,所有创新中,动作的创新是基础,应受到教练员与运动员的重视。

创新性原则在创编中的体现是其编排的独特性。在创编一套动作前,首先要理解规则,掌握好方向和尺度,这样才会把握住健美操的艺术魅力。具体做法是选择一个主题或主要内容,如读书和欢聚等,在整套动作上要突出主题,让动作表达出中心思想和整体效果。但值得注意的是,主题也不能过多地展现,因为要取得好成绩,每个动作还是要为竞技能力服务,两三个动作体现出主题即可,也可在成套中反复出现同一主题,采取不同的动作,但以不超过三次为宜,与此同时,要使主题与其他因素有机地结合,体现出独特性。

音乐优美完整及独特的节奏和风格是展现动作与艺术性的动力。音乐是一种优美的表现形式,它可以为创编者提供创造的源泉,让创编者产生灵感。恰如其分地运用这些表现手段,能够突出艺术效果,让动作富有生命。在创编中应对音乐的结构、节奏、旋律、配器等诸多因素进行分析,找出音乐和动作的结合点,特殊的音响效果会给动作增加效果。在音乐的选择上必须有利于体现竞技健美操的竞技能力。因此,动作的创编中不能忽略音乐的作用。

国际规则,关于艺术创造性有着"表演是与众不同的,独特的和非凡的"的表述,并在完全新颖的音乐和独特的动作时指出"当所有的因素被编排和融合一起时(动作设计表现力、音乐、配合),才能形成一套与众不同的独特的和令人难忘的成套动作。动作设计、健美操组合的编排、过渡动作、不同的队形,这些都是新颖的、与众不同的、不可预见的。并且通过运动员的动作和表现与音乐风格完美地结合起来,再加入一些以前无人做过的具有特殊感觉的小动作细节。在一套动作中可体现一个主题","动作设计、音乐、表现和服装都与主题密切联系。各种因素完善地结合在一起,使之具有独特的个性"。这三方面内容在创编中应有目的地综合使用,加大创新力度,成套动作才能不显得俗套,与众不同,受到好评。

6. 艺术性原则

竞技健美操是以人体动作作为表现形式的物质手段,也是一种通过表情表达思想的艺术,以具体的、可视化的形象高度显示出人的灵巧、力量、智慧,显示出人的支配和创造的能力,同时也表现了人的思想感情和精神风貌。竞技健美操比赛中,运动员的内在精神气质和外在动作表现的统一体现出艺术表现水平,运动员通过面部表情,融合音乐,更好地体现动作的艺术美感和动作意境,征服观众和评委,体现艺术表现力。运动员通过自身的表现力及自身的形体动作展示竞技健美操项目的艺术表现美,因此,艺术表现美是健美操运动员自信能力的体现,展现出人类各种优秀素质。

具体来说,竞技健美操的艺术表现美体现在各种动作能轻松完成,自信能力强,动作舒展优美,有力度、有节奏,动作与音乐紧密结合,充分表现动作的美感,充分体现其动作内涵,音乐韵味和个人的性格特征,充分地展示美,征服观众和评委,真正给在场所有人留下深刻印象,让大家得到美的体验。竞技健美操作为一种艺术性的体育竞赛项目,其对其艺术性独特的要求使它的创编更加复杂,更应该遵循艺术性原则。创编时首先要注重整体结构设计的艺术性,整体结构设计合理才能产生悦人的节奏感和张弛有序、高潮迭起之美感。其次,要注意音乐选配的艺术性,与健美操的结构相吻合的音乐往往能起到推波助澜、锦上添花的作用。最后,要注重队形动作设计的艺术性,选择更能体现出艺术美、动作美的队形,这样才能使整套健美操的风格更加鲜明、统一。

三、健美操创编的方法研究

健美操要体现出活力、动力、趣味和出众的动作表现,并发扬创新精神。动作设计、健美操组合的编排、过渡动作、变化队形是创编健美操的基本过程。当动作设计、表现力、音乐、空间变化、队友配合等因素全部融合时,才能形成一套与众不同、独具特色的整套动作。

(一)健美操创编的基本步骤

1. 编制总体方案

根据创编的目的、任务、要求,了解练习者或运动员的相关情况、练习时间、场地等条件。确定健美操的风格、类别、长度、速度;构建基本架构,设计操的结构顺序,安排运动高潮的时间。

2. 动作的选择与确定

根据操的风格、类别,按照创编原则选择与确定单个动作和组合动作。

3. 音乐的选配、制作与剪辑

在音乐的选择和制作上也是健美操创编的重要一环。音乐的节奏与速度严格地控制着动作的节奏与速度,很大程度上也控制了运动强度。就速度与节奏而言,当时间固定时,节奏与动作越复杂、越快,运动强度越大,反之越小。音乐对动作风格起到指导作用,其风格受时代的变化、民族、地域、环境、创编者等因素影响,音乐与动作充分协调后,音乐才能有力地支撑起动作。

4. 练习与修正

练习整套动作的过程中,应该对整套健美操结构顺序的合理性、表现的艺术性进行检验,根据练习者和观看者的整体评价进行反思和改进。

5. 汇编成图、文字说明、视频

文字说明要简洁而准确,图解根据实际情况绘成详图、简图,也可以采用摄像、照片的计算机处理,刻录到光盘并备份到移动硬盘、网盘中,妥善保存。

(二)健美操的创编方法

1. 多向思维法

从多角度、多层面去思考问题,是健美操创编者要注意的。由于创造性思维需要产生不同寻常的思维结果,因此它要求人们从单向思维转向多向思维,在逆向、侧向、发散等思维辐射和转移中寻找到新的设想。对多向思维能力的培养,应注意对某一问题的思考要从全局出发,提出多种思路。当思维在某一处受阻时,要改变思维的走向,当久久思考找不到思路时,可以把注意力转向其他方向,寻求新的启示,当运用通常的方法解决不了问题时,可考虑交换事物的条件、目标等因素,从不同的途径去解决问题。

2. 联想创新法

人要善于把一个事物的思维联系到另一个事物或几个事物的思维。创造性思维的本质在于发现原来以为没有联系的两个或几个事物之间的联系。因此,联想思维可为创造性思维进行引导和铺垫。知识水平越高,联想的广度和深度越大,也越容易产生新的联想,如联想能与边缘学科的知识有机结合,就会出现新思维。联想创新需要灵感,灵感思维是指突如其来的对事物的本质或规律的顿悟与理解以及使问题得到解决的瞬间思维形式。捕捉灵感的能力是指具有将瞬间即逝的灵感思维紧紧抓住,并加工创造出新的设想和思维。它是通过紧张深入思考的探索之后产生的思维成果,具有突发性和瞬时性特征。灵感思维出现时人们往往没有心理准备,因此灵感思维很容易稍纵即逝。所以,要及时记录下灵感思维的内容,保持思维热线并适时向纵深扩大思维成果,灵感的产生与艰苦积极的思维活动,丰富的知识经验等因素有关。

3.录像分析法

录像分析是一种借鉴思路的创编方法,一般从他人的思路中吸取其精华,对自己的成套动作起到启发作用,运用录像分析法时,主要关注以下几方面。

(1)成套结构

成套结构是指在参看比赛套路时主要参看成套动作与音乐结构的关系,即音乐段落与动作段落、音乐情绪与成套情绪以及音乐高潮与动作高潮能否有机结合。

(2)难度分配

难度分配是指在参看套路和动作时主要参看成套动作中难度动作的分配规律。首先,是难度分值的分配;其次,是难度动作组别动作的选择;再次,要观看难度动作在成套动作中的位置。

(3)基本操作化动作的连接

基本操作化动作的连接是指在观看动作录像时,主要参看成套动作中基本操作化动作的连接编排,仔细察看动作的连接处,一个动作的结束与下一个动作的开始是如何衔接的。

(4)过渡与连接动作的编排

过渡与连接动作的编排是指在参看比赛套路时主要参看过渡与连接动作的选择。新颖的连接动作会给人留下深刻的印象,同时烘托成套动作的主题表现。参考其他优秀的过渡与连接动作的编排会给自己提示和启发,使之能运用于自己成套动作的创编。

(5)托举与配合的创意

托举与配合的创意是指在参看比赛套路时主要参看成套动作中过渡与连接

的特点,参看动作如何更好体现出音乐的风格。成套动作中托举与配合动作是最能体现成套构思、音乐主题的关键,因此托举与配合动作的创意对成套动作的创编有非常重要的启发作用。

4. 三维动画辅助法

用电脑三维动画技术可以辅助教练员创编出高质量高难度的动作,辅助运动员加快完成动作的定型,对创编动作在训练中和比赛中出现的问题进行及时的目标反馈、重构和完善,减少了运动员在练习过程中的损耗,节省了时间。

然而在实际的健美操训练中,创编动作的过程仅仅是在教练员和运动员的大脑中和身体上试验完成。运动员尝试练习动作时,始终存在着主观与客观的因素,这直接影响了练习效果。这些因素的影响使教练员和运动员感到缺乏一个能够清晰、稳定、完整、快速地创编和演示动作的辅助工具,对动作进行定量化和形象化的理解。利用电脑三维动画技术创建出一个完成的动态模型,创建出虚拟的动作,进行试探、分析、评价、反馈、修改和确定等工作,可以减少创编环节中的消极因素,提高创编的效率和质量。运用电脑三维动画技术辅助创编是一个新思路和新方法,值得尝试。

创编动作是针对新的动作技术和新的比赛规则进行的,能够更加准确和细致地理解动作类型、等级、趋势和比赛规则,对运动员的比赛成绩来说是至关重要的。例如用电脑动画技术辅助解释比赛规则,就可以加快运动员对规则的理解。

绝大多数创编动作都是教练员、运动员根据原有动作的基础改进而来的。由于"电脑数字编辑"能够复制和拼接,方便教练员和运动员从现有动作创造出另一个新的动作。通过该方法,使动作的形象性、经验性更趋向于动作的专业性、多样性。所以,电脑动画有助于在原有动作的基础上方便地设计出变通的动作调整方案。

5. 基本组合法

如基本组合法是指按照健美操动作编排原则和方法,将两个或两个以上独立的技术动作通过巧妙的结合或重组,形成新的技术动作和成套组合动作。健美操的动作组合既可以是同一类型动作变化为多个不同特色风格的动作,也可以是不同类型多个单独动作进行适当重组,最后完成成套动作的编排。

健美操动作创新组合是要形成形式多样、技术独特、动作新颖、结构合理并与音乐相辅相成的新的动作组合,这对教练员组合创新思维能力提出了更高的要求。

第四章 健身健美操教学设计

第一节 健身健美操理论分析

一、健身健美操的概念与分类

（一）健身健美操的概念

健身健美操也称"大众健美操"，是一种任何年龄段都可以学习的集健身、娱乐、防病为一体的普及性健身运动。健身健美操的主要目的是健身，力求通过掌握健身练习的基本方法，在欢快轻松的运动过程中陶冶情操，锻炼身体增强体质，促进身心全面发展。健身健美操最主要的运动功能和价值就是健身，在学校基础性健美操课程教学和健身房、俱乐部等的健身课程教学中，健身健美操都是主要课程教学内容。

健身健美操的动作简单，实用性强，音乐可控，而且对于运动者来说，健身健美操的动作多为不同类型的基本健美操动作的组合，动作多有重复，运动者可以结合自身情况进行动作的灵活搭配，并且能保证一定的运动负荷和锻炼的全面性。这就使得整个健身健美操的参与过程可根据个人情况而及时变化，健身过程安全可控，又具有针对性，能满足运动者的实际健身需要。

伴随科学技术的进步、社会的发展与人们生活水平的不断提升，使得人们的生活方式也出现了很大的改变。作为一种时尚的新兴体育运动项目，健身健美操将舞蹈与音乐汇集在一体，通过健身健美操锻炼，人们的身心得到放松，在娱乐的氛围中健康得到增进，因此，健身健美操运动深受人们的喜欢。

健身健美操运动的吸收能力是非常强大的，这也促进了健美操运动同其他健身操与舞蹈形式的有机结合以及各种各样类型健身健美操的产生。例如，健身健美操和搏击、瑜伽、街舞与拉丁之间的互相结合，促进了搏击健美操、瑜伽健美操、街舞健美操与拉丁健美操的产生。而上述这些风格迥异的健美操能够使不同健身者的不同需求得到满足，对于男孩而言，更加喜欢搏击健美操与街舞健美操,而对于女孩而言,则是更加钟爱瑜伽健美操与拉丁健美操。如果想要在众多的体育运动项目中脱颖而出并获得人们的喜爱,那么健身健美操就需要不断地进行发展与创新,只有这样才能够使人们的多样化需求得到满足。

(二)健身健美操的分类

健身健美操是最早和最基础的健美操运动形式,其内容丰富,按照任务与目的,可以将健美操运动运动划分为两个种类,以健身为主要目的健美操是健身健美操,而以比赛为主要目的的竞技性健美操为竞技健美操。

1.健身健美操

所谓的健身健美操,顾名思义,主要以健身为主,练习目的在于使练习者的身体得到不同程度的锻炼,进而使自身健康得以保持。健身健美操的练习动作相对更注重实用性,操作起来比较简单,所使用的背景音乐也是速度相对缓慢的。健美操的练习动作出现时通常会是对称的形式,重复的动作较多,这样才能够对锻炼的全面性与一定的运动负荷做出保证。在练习健身健美操的过程中,可以对时间的长短并没有特殊的要求,只要能够保证练习过程的安全,灵活地进行练习,进而使身体得到锻炼即可。

根据练习方式的不同,健身健美操可以做出三个种类的划分,即徒手健身健美操、轻器械健身健美操、特殊场地健身健美操。

2.竞技健美操

竞技健美操的产生来源于健身健美操,并且在此基础上得以发展。现阶段,关于竞技健美操的定义,国际上比较认可的是:"竞技健美操运动主要源自传统的有氧健身舞,通常是在相关的音乐背景下,对复杂的、连续的、强度高的动作进行完成的体育运动项目。"

竞技健美操的主要目的是比赛,其表现形式主要以成套动作为主。一般来讲,竞技健美操主要包含五种比赛项目形式,即男子单人竞技健美操比赛、女子单人竞技健美操比赛、混合双人竞技健美操比赛、三人竞技健美操比赛、六人竞技健美操比赛。因此,在竞赛的人数、场地、成套动作的完成质量、时间以及难度动作完成的数量等多个方面,竞技健美操都作出了相关的严格规定。

二、健身健美操的特点

(一)健身性

健身健美操是专门为满足人的健身需求应运而生的体育运动项目,健身健美操是一项全身性的体育运动,它强调全面发展身体,专门针对人体健身设计,通过参与健身健美操学练,能使运动者的头部、躯干、上下肢及身体各关节都得到锻炼。

就健身健美操的动作来说,健身健美操的动作及其组合、套路的学练以有氧运动为主,通过完成这些健美操动作,运动者的机体能够充分利用氧气来燃烧体内的糖原,特别是通过燃烧脂肪为肌体提供能量,从而加快实现体内的新陈代谢,建立人体更高的机能水平,使心血管系统能更有效、更快速地输送血氧。长期坚持练习健美操,能有效提高人体心血管系统、呼吸系统以及运动系统的功能,使运动者的心脏会更健康、更发达,进而达到增进生理健康的目的。

需要特别指出的是,健身健美操的健身特点还兼具健身实效性。具体来说,健身健美操动作方便易学,运动健身的时间、运动量、运动强度等都可控,无论男女老少各种类型的人群都非常适合进行学练,且健身实效性好。

此外,健身健美操运动锻炼过程中,健身音乐环境、群体健身环境轻松愉悦,有助于放松身心。

(二)健美性

健身健美操动作优美,能提高运动者的审美,并有助于促进运动者的不良体姿和身体形态的纠正,使身体保持良好的审美形态。

此外,健身健美操练习还具有良好的塑造形体的效果,长期学练,可使运动者消除体内的多余脂肪,也能使瘦弱的人骨骼粗壮,肌纤维增粗,使身体更加匀称、健美。

(三)娱乐性

娱乐性是健美操运动的一个重要特点,在健身健美操运动中表现得十分明显。具体来说,健身健美操运动的音乐选配,与竞技健美操运动相比,要更加欢快,在轻松愉快的健身健美操的音乐伴奏下进行的练习,动作优美,具有良好的娱乐性。通过健身健美操的学练,能使运动者在健身的同时放松身心。

健身健美操的娱乐性还表现在其不仅可以作为一种健身形式,也可以作为一种活动融入运动者的日常生活中去。例如,对于健美操运动爱好者来说,即便是不进行系统的健身健美操学练,也可以在业余时间选择一些包含较多的伸展性动作的健身健美操动作来活动、放松身心,还可以和同学、朋友等边聊天边练习,是一种集锻炼与休闲为一体的健身娱乐方式。

(四)艺术性

健身健美操具有美的艺术特性。正是这种健与美结合的艺术形式,使得健身健美操深受欢迎。

首先,从表现形式上看,健身健美操学练过程中,运动者在节奏鲜明的音乐伴奏下,时而舒展肢体,时而扭动腰胯,可以充分展示健美的体魄,表现高超的技术,舞动流畅的韵律,显露充沛的体力。

其次,从表现内容上看,无论是健身健美操的动作,还是健身健美操的音乐,都具有一定的美的要求,不符合审美的健身健美操动作和音乐的健身健美操的创编,必然是失败的。健身健美操的动作、音乐及其之间的配合都具有一定的审美和艺术性要求,不能随意组合搭配。

(五)节奏性

健美操运动的相关动作具备较强的节奏性特征,同时这一特征会在音乐的伴奏下展现出来,所以说,健美操运动中音乐所扮演的角色是不可替代的,健美操运动中的音乐具有优美的旋律、强劲有力的节奏,能够对气氛进行烘托,对人们的情绪进行激发,健美操运动的音乐通常来源于如爵士、迪斯科和摇滚等现代音乐中,还会取材于具备上述特征的民间音乐,这些取材的音乐高低、长短、强弱、快慢节奏分明,使健美操富有鲜明的韵律感。

(六)力量性与多变性

健美操运动所彰显的是一种弹力、力量与活力的结合。健美操动作具备较强的力量性,无论是延续的肌肉力量,短促的肌肉力量,或者是短瞬所展现出的控制力量都具有强劲的力度感。同体操的力量性相比较,健美操运动少了呆板、机械,趋于自由、自然;与舞蹈之间相比,不再有柔软和柔情,而是更加有力、欢快,它之所以能在体坛活跃主要是由于其自身所特有的力量型运动风格,对人体美的神韵、矫健的风采与力量的坚韧进行了充分的展现。

另外,健美操成套的动作组合具有多变性与灵活性的主要特点,迅速变化的身体动作与不断变换的步伐都彰显出全身的生命活力。

(七)普及性

健身健美操具有良好的普及性,这个特点是由健身健美操的健身、健美、娱乐、艺术性特点共同决定的。

健身健美操的广泛普及性不仅体现在学校健美操课程中对不同年龄、性别的学生的适应,还表现在对整个社会大众群体的广泛适应。

在健身健美操学练过程中,运动者参与健身健美操锻炼既不受场地、环境、气候等条件的限制,也不受年龄层次、性别、身体素质、体育基础水平等的限制。可以说,无论男女老少,都可参与健身健美操运动锻炼,无论何人,都能从健美操练习中找到适合自己的内容和方法,都能从健美操练习中得到乐趣和有所收益。

(八)安全性

健身健美操的安全性主要体现在以下两个方面。

就健身健美操动作来说,健身健美操强调动作的随意、自然,对于初学者来说,非常容易学习和掌握,而且在技术动作难度上也不会有太难、动作幅度太大的技术动作,就运动安全性来说是十分安全的一种有氧运动。

从运动负荷的角度来看健身健美操,健身健美操最复杂的成套的动作练习几十分钟可以完成。而且在日常健身过程中,健身健美操可以分节进行练习,练习的间隙可以穿插积极性休息、游戏等,运动量和运动强度均可调节。健身健美操的动作学练负荷适合一般人的体质,甚至体质较弱的人都能承受,而且运动负荷还能进一步地灵活、针对性地调节,能最大程度地在运动负荷强度和量上都能确保运动安全。

第二节　健身健美操基本动作教学

健身健美操基本动作教学是初学者必须首先学习和掌握的教学内容,通过对健美操各部位身体动作的练习,可以培养学生正确的健美操基本动作定型,为健美操组合动作的学练奠定动作、体能和身体协调性基础。

一、健身健美操基本手型

健身健美操的基本手型动作主要有如下几种。

第一,合掌。五指并拢伸直。

第二,分掌。五指分开,手腕紧张。

第三,拳。五指紧握,大拇指压握食指。

第四,推掌。手掌上翘,五指弯曲。

第五,西班牙舞手势。拇指内扣,小指、无名指、中指自掌指关节处依次弯曲。

第六,芭蕾手势。拇指内扣,后三指并拢。

第七，一指式。握拳，食指或拇指伸直。

第八，响指。拇指与中指摩擦，与食指打响。

二、健身健美操头颈部动作

健身健美操的头颈部动作主要是配合运动者的其他动作进行的，由于人体的头颈部活动范围较小，因此相应的健美操动作变化不多，主要有以下三种。

第一，屈：身体正直，头部向前、后、左、右四个方向分别做颈部关节弯曲的运动，动作表现为颈前屈、颈后屈、颈左侧屈、颈右侧屈。

第二，转：头正直，下颌平稳左右转动90°。

第三，环绕：头正直，头颈部沿身体垂直轴向左、右转动360°或沿身体垂直轴向左或右环绕。

三、健身健美操的肢体动作

(一)上放动作

1.举

两脚开立、上体正直、以肩为轴，手臂向各个方向移动并固定，动作表现为前举、后举、侧举、侧上举、侧下举、上举等。两脚开立、上体正直，肘关节由曲到直或由直到曲，如胸前平屈、肩侧屈、肩侧上屈、肩侧下屈、胸前上屈、头后屈。

2.绕、绕环

两脚开立、上体正直，两臂或单臂以肩为轴弧线向内、外、前、后绕或绕环。

(二)下肢动作

1.无冲击动作

(1)半蹲

①动作描述：两腿左右分开站立，与肩同宽或比肩稍宽，脚尖稍外开，两腿同时屈伸。

②注意要点：身体重心放在两腿之间，屈膝时，膝关节朝着脚尖的方向，同时膝关节不能超过脚尖，下蹲时身体前倾。

③动作变化：并腿半蹲、迈步半蹲、迈步转体半蹲。

(2)弓步

①动作描述：动作一：两腿前后开立，两脚距离与髋同宽，脚尖朝前，两腿同时屈伸。动作二：一腿屈膝，另一腿伸直。

②注意要点:身体重心在两腿之间,前腿膝关节弯曲不能超过90°,膝关节不能超过脚尖。

③动作变化:原地前后弓、原地左右弓步、转体弓步。

2.低冲击动作

低冲击动作是指在做动作时一脚着地,另一脚离地的动作。低冲击动作是目前健身性健美操编排运用最多的动作类型。

(1)踏步

①动作描述:两腿依次抬起,依次落地。

②注意要点:下落时,注意膝、踝关节有弹性的缓冲。

③动作变化:踏步转体、踏步分腿、踏步并腿、弹动踏步。

(2)走步

①动作描述:迈步移动。向前走时,脚跟先落地,过渡到全脚掌,向后走时则相反。

②注意要点:落地时,注意膝、踝关节有弹性的缓冲,上体可以有节奏地协调摆动。

③动作变化:向前向后走步、向侧前和侧后走步、向左右转体或弧线走步。

(3)一字步

①动作描述:以左脚起步为例。左脚向正前方迈一步,右脚并向左脚,然后左脚向后一步,右脚并向左脚。

②注意要点:偶数拍都有并步,落地时,注意膝、踝关节有弹性的缓冲。

③动作变化:向前向后的一字步、转体的一字步。

(4)V字步

①动作描述:以左脚起步为例。左脚向左前方迈步,右脚随之向右前方迈步,两脚开立,形成V字轨迹,然后左右脚依次还原。

②注意要点:开立时两脚距离大于肩宽,中心在两腿之间,屈膝时膝关节朝着脚尖方向。

③动作变化:倒V字步、转体V字步、跳的V字步。

(5)漫步

①动作描述:以左脚起步为例。左脚向前迈步,同时重心随之前移,接着右脚稍抬起,然后落下,重心随之后移,左脚随之后迈向右脚之后。

②注意要点:重心的前后移动,动作有弹性。

③动作的变化：转体的漫步，跳的漫步。

(6)屈腿

①动作描述：以左脚为例。左脚向侧迈一步，同时膝盖微屈，重心移至左脚上，随后右脚抬离地面，屈膝，然后再做反方向动作。

②注意要点：屈膝时膝关节朝着脚尖方向，主力腿始终保持有弹性地屈伸，后屈腿脚跟朝着臀部，脚尖绷直。

③动作变化：原地后屈腿、前后移动后屈腿、转体后屈腿。

(7)并步

①动作描述：以左脚起步为例。左脚向侧迈步，同时重心左移，两腿屈膝向下，右腿并向左腿。

②注意要点：膝、踝关节的弹动缓冲，重心平稳过渡。

③动作变化：左右的并步、前后的并步、向两侧的并步、转体的并步。

(8)迈步移重心

①动作描述：以左脚起步为例。左脚向左侧迈出一步，落地时双腿屈膝，随之重心下降并移至左腿，然后重心上移，膝盖伸直，右脚点地，然后再做反方向的动作。

②注意动作：下蹲屈膝时膝关节朝着脚尖方向，重心上下、左右移动明显。

③动作变化：左右移重心、前后移重心、转体移重心。

(9)交叉步

①动作描述：以左脚起步为例。左脚向左侧迈步，同时重心左移，接着右脚交叉于左脚之后，然后左脚再向侧移动，重心再向左移，最后右脚并于左脚。

②注意要点：重心要及时移动，膝、踝关节有弹动的缓冲。

③动作变化：左右的交叉步、转体的交叉步。

(10)吸腿

①动作描述：一腿屈膝抬起，另一腿屈膝弹动缓冲。

②注意要点：上体保持正直，大腿抬起与地面平行，小腿自然下垂，绷脚尖。

③动作变化：向前吸腿、向侧吸腿、向侧前吸腿、转体的吸腿、迈步吸腿、上步吸腿。

(11)摆腿

①动作描述：一腿站立，另一腿自然摆动，然后还原成并步。

②注意要点：保持上体正直。主力腿注意屈膝缓冲，摆动腿抬起时幅度不要

过大且要有控制。

③动作变化:向前摆腿、向侧摆腿。

(12)踢腿

①动作描述:一腿站立,另一腿加速向上摆动。

②注意要点:保持上体正直。主力腿脚跟不能离地,膝关节微屈缓冲。踢腿的幅度因人而异,避免受伤。

③动作变化:向前提、向侧踢、向后踢、移动中踢腿。

(三)高冲击动作

高冲击动作是指在做动作时,双脚都离地的动作,即为平常所说的跳类动作。

1. 跑

①动作描述:两脚依次经过腾空后,一脚落地缓冲,另一脚小腿后屈,双臂配合下肢前后摆动。

②注意要点:膝、踝关节有弹动的缓冲,落地时由前脚掌过渡到全脚掌。

③动作变化:原地跑、向前跑、向后跑、弧线跑、转体跑。

2. 双脚跳

①动作描述:双脚并拢有弹性地向上跳起,双臂随身体协调摆动。

②注意要点:腾空时,双脚并拢,膝盖伸直,落地时屈膝缓冲,由前脚掌过渡到全脚掌。

③动作变化:原地并腿跳、向前并腿跳、左右并腿跳、转体并腿跳。

3. 开合跳

①动作描述:并腿向上跳起,左右分腿姿势落地、接着再向上跳起,并腿落地。

②注意要点:落地时,膝关节有弹性的缓冲,分腿落地时屈膝且朝着脚尖方向。

③动作变化:原地开合跳、转体开合跳。

4. 并步跳

①动作描述:以左脚起步为例。左脚迈出,随之蹬地跳起,右脚并左脚,并腿落地。

②注意要点:身体重心随身体迅速移动,落地时注意缓冲。

③动作变化:向前并步跳、向后并步跳、向侧并步跳。

5.单脚跳

①动作描述:一脚跳跃时,另一脚离地。

②注意要点:跳跃落地时注意屈膝弹动。

③动作变化:原地单脚跳、移动单脚跳、转体单脚跳。

6.弹踢腿跳

①动作描述:双腿起跳,单腿落地,另一腿小腿后撩,然后小腿前踢伸直。

②注意要点:无双脚落地的过程,弹踢腿脚尖伸直。

③动作变化:向前弹踢腿跳、向侧弹踢腿、转体的弹踢腿跳、移动弹踢腿跳。

7.点跳

①动作描述:以左脚起步为例。右脚蹬地跳起,同时左脚向侧迈步落地,随之右脚并左脚点地,随后反方向做一次,动作相同,方向相反。

②注意要点:两脚轻松蹬地,身体重心随之平稳移动,注意膝踝的弹动。

③动作变化:原地点跳、向前点跳、向侧点跳、向后点跳、转体点跳。

四、健身健美操的躯干动作

(一)肩部动作

1.提肩

两脚开立、上体正直,肩部沿身体垂直轴尽量上提。

2.沉肩

两脚开立、上体正直,肩部(双肩)沿身体垂直轴向下沉落。

3.绕肩

自然开立、上体正直,肩部(单肩或双肩)沿身体前、后、上、下四个方向绕动。

(二)胸部动作

1.含胸、挺胸

含胸时,低头、收腹、收肩,身体放松但不松懈,形成背弓;挺胸时,抬头、挺胸、展肩,身体紧张但不僵硬。

2.移胸

髋部固定,以腰腹发力,带动并跟随胸部左右移动。

(三)腰部动作

1.屈

两脚开立、腰部伸展,向前或向侧做拉伸运动,如前屈、后屈、侧屈。

2. 转

两脚开立,身体保持紧张,结合迈步移动重心,腰部带动身体沿垂直轴左右转动。

3. 绕和环绕

两脚开立,与手臂动作相结合,腰部做弧线或圆周运动。

(四)髋部动作

1. 顶髋

两腿开立,一腿伸直支撑、另一腿屈膝内扣,上体正直、双手叉腰,向前后左右方向顶髋。

2. 提髋

两脚开立、体侧曲臂,半握拳,向左、右上提髋。

3. 绕和环绕

两脚开立、双手叉腰,髋向左、右方向做弧线或圆周运动。

健身健美操的基本动作教学过程中,教师应注意学生对基本健身健美操动作的正确掌握,使学生建立正确的健身健美操基本动作定型是教学的主要任务和教学重点。

第三节　健身健美操组合动作教学

健身健美操组合动作教学是对学生的健身健美操基本动作教学的进一步深化与提高,通过不同类型的健身健美操多元基本动作的有机结合学练,能进一步丰富健身健美操教学内容,有效提高学生的健身健美操学练的积极性,并提高学生的健身健美操学练的身体协调性。健身健美操动作内容丰富、形式多元,因此健身健美操的组合动作也具有多样性的特点,这里重点解析健身健美操的髋部组合动作与跳步组合动作教学内容。

一、健身健美操髋部组合动作教学

髋部组合动作是健身健美操的基本动作组合内容之一,由髋部动作为基础动作,配以健美操手臂的特色动作组合而成。

健身健美操的髋部组合动作主要是躯干和上肢运动,通常包括左右顶髋、臂屈伸及挥摆等动作内容。以一组 3×8 拍的健身健美操髋部动作教学为例,具体教学内容与设计如下。

(一)教学准备

音乐选择:旋律清晰、节奏感强,速度 24 拍/10 秒。

教学要点:使学生明白原地顶髋是健美操髋部动作中最基本的一种,通过讲解和示范让学生掌握正确的健身健美操髋部动作,纠正学生的错误动作。

学练要求:髋部动作幅度大,节奏感强;动作到位,有力度。

(二)组合动作教学

1.预备动作

第 1~4 拍:开立,两手叉腰。

第 5 拍:左腿屈膝内扣,右顶髋。

第 6 拍:右腿屈膝内扣,左顶髋。

第 7、8 拍同 5、6 拍。

2.组合动作学练

第一个 8 拍:

第 1 拍:左膝内扣,顶右髋,两臂平屈。

第 2 拍:右膝内扣,顶左髋,两臂下伸。

第 3、4 拍同 1、2 拍。

第 5 拍:腿、髋同 1 拍,两臂头上交叉 1 次、上举,抬头。

第 6 拍:腿、髋同 2 拍,两臂头上交叉 1 次、上举。

第 7 拍:腿、髋同 1 拍,两臂侧屈,头右转。

第 8 拍:腿、髋同 2 拍,两臂下垂,头正直。

第二个 8 拍:

第 1 拍:腿、髋同第一个 8 拍的 1 拍,左臂胸前屈。

第 2 拍:腿、髋同第一个 8 拍的 2 拍,右臂胸前屈。

第 3 拍:腿、髋同 1 拍,左臂前伸。

第 4 拍:腿、髋同 2 拍,右臂前伸。

第 5、6 拍:左脚开始踏 2 步,胸前击掌 2 次。

第 7 拍:开立跳,两手叉腰。

第 8 拍:不动。

二、健身健美操跳步组合动作教学

健身健美操运动中,跳类动作十分多见,是健身健美操的重要动作之一,也是健美操项目的一个重要特色动作。

以一组 6×8 拍的健美操跳步组合动作为例,具体教学内容与设计如下。

(一)教学准备

音乐选择:节奏感强,速度 26 拍/10 秒。

教学要点:通过讲解和示范,让学生了解健身健美操跳类动作的特点,动作学练中,注意各动作之间的合理衔接。

动作要求:跳跃轻快,动作应富有弹性;动作到位,有力度;动作连贯,节奏准确,表现力好。

(二)组合动作教学

1. 预备动作

自然开立,两手叉腰,上体正直,目视前方,身体保持适度的紧张状态,但不僵硬。

2. 组合动作学练

第一个 8 拍:

第 1、2 拍:立,两手叉腰。

第 3、4 拍:两脚弹动 2 次。

第 5、6 拍:跳成并立,两脚弹动 2 次。

第 7 拍:跳成开立。

第 8 拍:跳成并立,两臂落至体侧。

第二个 8 拍:

第 1 拍:右腿后踢跑,两臂胸前屈。

第 2 拍:左腿后踢跑,两手胸前击掌。

第 3 拍:右腿后踢跑,两臂肩侧上屈。

第 4 拍:并腿,手同 2 拍。

第 5 拍:双脚右蹬跳成右侧弓步,左臂侧举,右臂胸前平屈,头稍左转。

第 6 拍:还原成并立,两手胸前击掌。

第 7、8 拍同 5、6 拍,方向相反,但 8 拍两臂还原至体侧。

第三个 8 拍:

第1拍:左脚向侧一步,左臂上举,右臂前举。

第2拍:提右膝右转体90°,右臂胸前上屈,左臂胸前平屈。

第3拍:右腿后伸成左前弓步,左臂侧举,右臂肩侧上屈,头左转。

第4拍:右腿还原跳成并立,两臂还原至体侧,头还原。

第5拍:左腿提膝跳,两臂胸前平屈。

第6拍:还原成并立,两臂还原至体侧。

第7拍:右腿高踢跳。

第8拍:右腿落下成并立。

第四个8拍:

第1拍:右脚向侧一步,右臂上举,左臂前举。

第2拍:提左膝同时向右转体90°,左臂胸前上屈,右臂胸前平屈。

第3拍:左腿后伸成右前弓步,右臂侧举,左臂肩侧上屈,头向右转。

第4拍:左腿还原跳成并立,两臂还原至体侧,头还原。

第5拍:右腿提膝跳,两臂胸前平屈。

第6拍:还原成并立,两臂自然下垂。

第7拍:左腿高踢跳。

第8拍:左腿落下成并立。

第五个8拍:

第1拍:跳成开立,左臂侧举,头左转。

第2拍:跳成并立,左臂肩侧上屈,头还原。

第3拍:跳成开立,右臂侧举,头右转。

第4拍:跳成并立,右臂肩侧上屈,头还原。

第5拍:跳成开立,两臂胸前屈。

第6拍:跳成并立,两臂胸前平屈。

第7拍:跳成开立,两臂上举。

第8拍:跳成并立,两臂自然下垂。

第六个8拍:

第1~4拍:跑跳步左转体360°,两臂体侧自然摆动。

第5、6拍:原地踏步,胸前击掌2次。

第7、8拍:跳成开立,两臂向外绕至肩上屈,两手扶头后,挺胸立腰,目视前方。

第四节　健身健美操套路教学

套路教学是健身健美操课程教学的教学重点和难点,通过使学生掌握健身健美操套路,能为学生在课余参与健身健美操学练奠定一定的学练基础,并有助于学生的健身健美操学练的系统化。

一、健身健美操套路教学内容

对于健身健美操的套路内容和表现形式来说,教师既可以选取教学大纲所规范下的健美操教材中的健身健美操套路,也可以结合自己和学生、学校实际进行健身健美操的自主创编,再组织学生进行系统学练。

这里重点列举一套健身健美操套路,具体教学内容如下。

(一)第一小节

1. 第一个 8 拍

预备姿势:站立。

第 1 拍:右臂侧举,右脚十字步。

第 2 拍:左臂侧举,下肢不动。

第 3 拍:双臂上举,两脚前后立。

第 4 拍:双臂下举,两脚开立。

第 5~8 拍:屈臂自然摆动,7~8 拍手臂动作同 5~6 拍动作;向后走四步。

2. 第二个 8 拍

动作同第一个 8 拍,但向前走 4 步。

3. 第三个 8 拍

第 1~6 拍:手臂动作 1~2 拍右手前举,第 3 拍双手叉腰,4~5 拍左手前举,第 6 拍双手胸前交叉;下肢动作为 1~6 拍从右脚开始 6 拍漫步。

第 7~8 拍:双臂侧后下举;右脚向后 1/2 漫步。

4. 第四个 8 拍

第 1~2 拍:拍屈右臂自然摆动;右脚向右并步跳。

第 3~8 拍:手臂动作 3~4 拍前平举弹动 2 次,5~6 拍侧平举,7~8 拍后斜下举;下肢动作为 3~8 拍从左脚开始,向右前方做前、侧、后 6 拍漫步。

第五至八个 8 拍,动作同前四个 8 拍,但方向相反。

(二)第二小节

1. 第一个 8 拍

第 1~2 拍:右臂侧上举,左臂侧平举;右脚向右侧滑步。

第 3~4 拍:双臂屈臂后摆;1/2 后漫步。

第 5~6 拍:头前上击掌 3 次;左脚向前方做并步。

第 7~8 拍:双手叉腰,右脚向右后做并步。

2. 第二个 8 拍

第 1~2 拍:击掌 3 次;左脚向左后方并步。

第 3~4 拍:双手叉腰;右脚向右后做并步。

第 5~6 拍:左臂侧上举;左脚向前左侧滑步。

第 7~8 拍:双臂屈臂后摆;1/2 后漫步。

3. 第三个 8 拍

第 1~4 拍:双臂向前冲拳、向后下冲拳 2 次;右转 90°,右脚上步吸腿 2 次。

第 5~8 拍:双臂由右向左水平摆动;左脚 V 字步左转 90°。

4. 第四个 8 拍

第 1~2 拍:手臂动作为第 1 拍双臂胸前平屈,第 2 拍左臂上举;下肢动作为左腿吸腿(侧点地)1 次。

第 3~4 拍:手臂动作为 3 拍,第 1 拍同第 3 拍,第 4 拍还原;下肢动作为左腿吸腿(侧点地)1 次。

第 5~8 拍:同 1~4 拍动作,但方向相反。

第五至八个 8 拍,动作同前四个 8 拍,但方向相反。

(三)第三小节

1. 第一个 8 拍

第 1~4 拍:双臂上举,下拉;1~3 拍右脚侧并步跳,第 4 拍时右转 90°。

第 5~8 拍:手臂动作为 5~7 拍双臂屈臂前后摆动,8 拍时,上体向左扭转 90°,双臂侧下举;下肢动作为左脚侧交叉步。

2. 第二个 8 拍

第 1~4 拍:双臂上举、下拉;双腿向右侧并跳步,第 4 拍时左转 90°。

第 5~6 拍:右臂前下举;左脚开始侧并步 1 次。

第 7~8 拍:左臂前下举;左脚开始侧并步 1 次。

3. 第三个 8 拍

第 1～4 拍:手臂动作第 1 拍双臂肩上屈,第 2 两臂下举,3～4 拍双臂肩前屈;下肢动作左脚向前一字步。

第 5～6 拍:双臂上举,掌心朝前;向左分并腿 1 次。

第 7～8 拍:双手放膝上;向右分并腿 1 次。

4. 第四个 8 拍

第 1～4 拍:手臂动作 1～2 拍手侧下举,3～4 拍胸前交叉;下肢动作为左脚向后一字步。

第 5～8 拍:双臂经胸前交叉侧上举 1 次,侧下举 1 次;下肢动作为左、右依次分并腿 2 次。

第五至八个 8 拍,动作同前四个 8 拍,但方向相反。

(四)第四小节

1. 第一个 8 拍

第 1～2 拍:右臂体侧内绕环;右脚开始小马跳 1 次,向侧向前呈梯形。

第 3～4 拍:左臂体侧内绕环,右脚开始小马跳 1 次,向侧向前呈梯形。

第 5～8 拍:同 1～4 拍动作。

2. 第二个 8 拍

第 1～4 拍:拍屈臂自然摆动;右脚开始弧形跑 4 步,右转 270°。

第 5～8 拍:手臂动作为 5～6 拍双手放腿上,7 拍击掌,8 拍放于体侧;下肢动作为开合跳 1 次。

3. 第三个 8 拍

第 1 拍:双臂胸前交叉;右脚向右前上步。

第 2 拍:右臂侧举、左臂上举;右脚上步后屈腿。

第 3 拍:双臂胸前交叉;右脚向右前上步。

第 4 拍:双手叉腰;两脚并立,八字脚。

第 5～8 拍:手臂动作同 1～4 拍;下肢动作为左脚向前上步后屈腿、腿还原、八字脚。

4. 第四个 8 拍

第 1～2 拍:第 1 拍右手左前下举,第 2 拍双手叉腰;下肢动作为右侧点地 1 次。

第 3～4 拍:第 3 拍左手右前下举,第 4 拍双手叉腰;下肢动作为左侧点地 1 次。

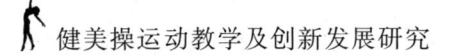

第 5~8 拍：手臂动作为第 5 拍双臂胸前平屈，第 6 拍前推，第 7 拍同第 5 拍动作，第 8 拍同侧下垂；下肢动作为右脚上步向前转脚跟，还原。

第五至八个 8 拍，动作同前四个 8 拍，但方向相反。

二、健身健美操套路教学要点

在健身健美操课程的套路教学中，教师的教学设计应在教学开始之前，应明确教学活动中"教什么""如何教"的问题，健身健美操的套路教学必须建立在教学的科学生理学原理、心理学原理等教学原理基础之上，尤其是教师自编的健身健美操的套路教学，更应该充分考虑创编是否科学。

此外，健身健美操套路教学过程中，对于相应的健身健美操套路的选择，应充分考虑学生的特点。具体来说，健美操套路的动作学练难易程度应符合学生的身体和心理发展的特点，套路教学的教学活动内容设计应充分考虑学生的性别、年龄阶段、体能基础、运动能力等基本特征。

第五章　竞技健美操教学设计

第一节　竞技健美操理论分析

一、竞技健美操的概念

竞技健美操就是在音乐伴奏下能反映连续、复杂、高难度成套动作能力的运动项目。

二、竞技健美操技术发展的影响因素

(一)技术交流信息

将运动训练的项群理论作为理论基础,竞技健美操在难美项群的范畴,运动员掌握信息技术的实际情况对竞技健美操运动主要技术的发展有决定性影响。换句话说,由竞技健美操运动国际最高的技术权威机构——竞技健美操技术委员会对项目本身的技术问题经过了充分地调查、研究、比较、分析和理解之后颁布本项目的赛事评分规则。在此基础上由各个会员国基于对规则文字的认识为参与赛事作相关准备,哪个会员国对规则的理解程度和技术委员会领导下的裁判委员会相关认识存在的差异小,同时可以精准掌握参赛套路的创编要点和训练要点,则哪个会员国获胜的可能性就会大一些。

要想最精准地认识和掌握竞技健美操的技术实践,仅凭借对文字层面的理解、猜测以及判断是不可行的,唯一有效的途径就是技术实践,而这也恰恰是影响我国竞技健美操运动技术水平持续上升的关键性因素。由此可见,提高我国健美操运动技术水平的基础性条件是强化我国健美操运动和世界各国健美操运动、我国中心城市健美操运动和各地方城市健美操运动在技术层面上的沟通。自我国竞技健美操和国际接轨以来,踊跃参与国际体联组织的各类健美操活动,同时定期外聘国外专家来华讲学,尤其是积极和世界各国拥有较大话语权的教练员、裁判员以及运动员进行交流与沟通,这大幅缩短了我国了解世界健美操运

动最新发展动态的时间。

(二)专业人才的综合素质

就现阶段来看,世界范围内的竞技健美操专业技术人才正朝着多元一体化方向持续发展着,包括技术委员、裁判员、运动员在内的多人的工作内容集中在一人身上。经过全方位对比后发现,我国竞技健美操专业技术人才应自觉提高以下几方面的素质。

1. 不断积累基础理论学科的知识

竞技健美操专业人才要想在专业领域居前列,仅凭以往的运动员生涯或者接触其他运动项目的经历和经验是远远不够的。作为一名竞技健美操专业技术人才,就必须基于具体技术现象并立足于多个学科展开理论层面的剖析和研究,完成具体行为计划的修订工作后对技术实践产生指导性作用。具体来说,对竞技健美操技术实践有指导性作用的基础理论学科分别是人类学、行为学、心理学等。

2. 立足于多个视角认识和剖析规则

竞技健美操技术水平领先国家的参赛动作,可以站在裁判员、教练员以及运动员的视角精准剖析和掌握规则中的技术要点,科学高效地审核并修改创编完成的成套动作,促使成套动作的技术价值和智能水平得到大幅度提升。

3. 提高英语水平和使用电脑的水平

综合分析世界各国高水平竞技健美操教练员会发现,绝大多数教练员都具备独立用英语交流和高效使用电脑软件完成音乐制作的能力,而这也恰恰是我国竞技健美操教练员普遍欠缺的专业能力。教练员英语沟通能力和使用计算机的能力对其工作效率和工作质量的提升至关重要。

三、竞技健美操发展趋势

(一)各项技术"难、新、美、稳"

在未来较长时间内,竞技健美操运动依旧会沿着"难、新、美、稳"的发展方向不断前进。对于技能类难美项群运动而言,最显著的发展特征就是"难、新、美、稳",其中"难""新"和"稳"都致力于为"美"提供服务。竞技健美操是艺术层面要求和创新层面要求都很高的运动项目,发展过程中不仅要使原有的"健、力、美、稳"得以保留,也要慢慢实现和其他难美项群的同步。

(二)难度动作向艺术性和安全性方向发展

区分杂技与其他难美项群项目的一项重要标志就是竞技健美操运动的难度动作。国际竞技健美操竞赛规则就竞技健美操难度动作具体数量进行了严格限制,如此不仅能为运动员自身安全提供保障,也有助于难度动作的艺术性特征更加显著。与此同时,国际竞技健美操竞赛规则将难度动作的连接加分纳入其中,但针对运动员完成难度动作提出的要求并未下降。处于连接状态的难度动作不只能把技能类难美项群的动作特征反映得淋漓尽致,更使竞技健美操艺术价值得到了大幅度提升,基于此竞技健美操运动员必须达到更高要求。

(三)成套动作的艺术性特点日益明显

竞技体育中难美项群的一个显著特性就是艺术性,而竞技健美操恰恰是凭借自身特殊的艺术表现形式逐步占据了竞技体育领域中的一席之地。历史性地剖析国际健美操评分规则会得出,艺术性一直以来都是健美操规则中的一项重要评分因素,同时充当着判定健美操运动员技术水平的重要标准。

竞技健美操艺术性特征着重反映在成套动作的多样性、连接动作的流畅性、场地空间的多变性、音乐风格的感染力、运动员的表现力、集体项目中同伴间配合等多个方面。竞技健美操成套动作中的艺术水平对由此获得的裁判员认可程度、比赛成绩、观众喜爱程度都有重要影响。

(四)技术细节对运动成绩的影响日益增大

在科学技术普及速度持续加快,科学选材要点、高效训练手段以及先进训练设备持续推广的大背景下,竞技健美操运动员在竞技能力上日益接近,基于此技术细节就演变成运动员制胜的重中之重。

(五)个性化要求和观赏性要求被置于重要位置

竞技健美操的表演性特征十分显著,运动员最终确定的音乐制作、动作设计、表演、服装设计,不仅对整套操的风格有重要影响,也会影响观众和裁判员的印象深度,还会对比赛输赢有决定性影响。对于21世纪的世界健美操运动来说,一定会向艺术化、个性化、风格化的方向持续发展,同时欣赏价值与观赏性特征也会更加显著。

四、竞技健美操技术创新理论的要求

无论竞技体操、艺术体操还是健美操,"创新"是推动其发展的动力,在比赛中除了娴熟高超的技术动作以及出色完美的艺术表现外,关键在于创新。无论是操化、难度、托举配合还是过渡连接,都需要创新。创新的核心在于创新思维,指在思考过程中参与直接或间接的方式起到开拓和突破作用的一种思维。

(一)开放性

开放性思维就是要鼓励敢于突破思维定势,避免落入俗套,挑战潮流,具有改革精神。因此,就要多角度出发考虑问题。竞技健美操集体项目常规的托举动作习惯在原地进行,且托举与配合分开进行,如果打破常规,将托举与配合结合在一起,并加入流动性,如有身体接触的"抛""接"或利用运动员自己的跳跃上托举。例如,6人操可采用一组从高空间直接到低空间,而另一组有低空间至高空间起伏跌宕的空间变化,则会给成套的视觉效果添彩。

(二)突发性

突发性是创新性思维的一大特点,创新思维的进程不会一直连续不断,而是间断性的,往往会在某个特定时间间断,在某个不确定的时间段又突然降临,这种现象并不是偶然,而是量变引起质变的一个质的飞跃,是知觉与灵感的迸发。前提要在生活中有善于发现和善于思考的精神。竞技健美操成套的编排不是一气呵成的,需要反复思考,从音乐的选择、剪辑,到每一个操化动作的创编都需要耗费很大的精力,因此如果教练员、运动员在日常听音乐、欣赏节目的时候带着对健美操的热爱,习惯性地去思考,一定会创造出与众不同的成套。例如,拉丁舞中有很多双人的配合动作,如果将其引入到混双的配合中,也许会给人耳目一新的感觉。又如欣赏舞蹈、音乐剧等舞蹈,将其经典动作引入到竞技健美操的操化中,也会给人独特的视觉体验。

(三)综合性

综合性指思维运用的综合性,即在创新的思维中把前人的经验、所学到的知识综合利用。需要将大量的概念、事实、材料综合起来加以整理、概括,形成科学的概念和系统。也要辩证地分析,把握材料中的个性特点总结出规律以更好地利用。因此,创新思维又是逻辑思维和非逻辑思维的有机结合产物。一套完美的成套需要音乐、审美、逻辑学、运动员的竞技能力作支撑,需要有效地将它们综合在一起。

(四)效用性

效用性即思维成果的有效性,要求创新性思维的成果不但具有新颖性和独创性,更要有很强的建设性和效用性,既要打破传统的思维惯性去发现新的理念,又要反复经过实践的检验创造出解决问题的新的方法与思路。

第二节 竞技健美操基本动作教学

一、基本轴控制教学

（一）站立控制

1. 基本站立控制

双腿夹紧、收腹挺胸、立腰立背，肩胛骨下旋同时双肩下沉，在没有墙壁支撑的情况下进行学练。运动员应保证身体用力感和有墙面支撑物相同，同时切身感受这种身体姿态。

2. 双手叉腰提踵站立控制

在站立控制基础上，双手叉腰，同时双足提踵，保证身体垂直轴控制能力能伴随身体重心的提高而提高，此外运动员要切身感受后背的感觉以及身体垂直轴的控制。

3. 双手叉腰，提踵行进间垂直轴控制

双手叉腰提踵站立控制基础上，提踵行进间走，可向前或向后行走，在身体重心发生移动的前提下完成垂直轴控制练习。

（二）纵跳控制

1. 原地纵跳控制

在站立控制练习的基础上，双膝微屈、蹬地向上，借助踝关节力量，向上纵跳。动作过程中，体会腰腹、臀部收紧，身体成一条直线，感受身体垂直轴的控制。运动员完成原地纵跳控制练习时需要达到的要求是提气、收腹、立腰、头尽量往上顶、有落地缓冲。

2. 负重原地纵跳控制

在原地纵跳控制练习的基础上，脚踝关节上绑上沙包，在增加负荷的情况下进行身体垂直轴控制练习。

二、身体姿态教学

（一）站立姿态

1. 颈部练习

颈部自然挺直，微收下颌，眼看前方，头部保持正直。也可放一本书在头上，保持平衡,并能在保持平衡的基础上进行移动练习。

2.肩部练习

将两肩垂直向上耸起,等到两肩有酸痛感后再把两肩用力下垂。反复练习,结束后充分放松。

3.臀部练习

两脚并拢站立,躯干保持直立。脚掌用力下压,臀部和大腿肌肉用力收紧,并略微向上提髋,反复练习。

4.腹部练习

在收紧臀部的同时,使腹部尽量用力向内收紧,并用力向上提气,促使身体向上提,坚持片刻,然后放松。反复练习。

5.站立姿态练习

在背靠墙站立姿态练习基础上,脱离墙的支撑,体会站立时肌肉的细微感觉。参与这项练习的健美操运动员应增加练习次数且保证呼吸均衡。

(二)头颈姿态

1.低头练习

两手叉腰、立正站好。挺胸,下颌贴住锁骨窝处,颈部伸长,然后还原。运动员应循序渐进的加快速度,切实感受低头时控制肌肉的感觉。

2.抬头练习

两手叉腰、立正站好。头颈后屈,然后还原。运动员应循序渐进的加快速度,切实感受抬头时控制肌肉的感觉。

3.左转练习

两手叉腰、立正站好。头向左转动,下颌对准左肩,然后还原。运动员应循序渐进的加快速度,切实感受左转头时控制肌肉的感觉。

4.右转练习

两手叉腰、立正站好。头向右转动,下颌对准右肩,然后还原。运动员应循序渐进的加快速度,切实感受右转头时控制肌肉的感觉。

5.左侧屈练习

两手叉腰、立正站好。头向左侧屈(左耳向左肩的方向),然后还原。

6.右侧屈练习

两手叉腰、立正站好。头向右侧屈(右耳向右肩的方向),然后还原。

(三)上肢姿态

1.手型

(1)掌

竞技健美操基本掌型由五指分开手型和五指并拢手型组成。五指分开手型的基本要求是五指伸直用力到指尖,尽量分开至手掌的最大面积且在一个平面上;五指并拢手型的基本要求是五指并拢,大拇指第一指关节略弯曲,其他四指伸直,五指保持在同一平面内。竞技健美操运动员应按照基本掌型相关要求控制好掌型,在此基础上学习各个平面的掌型。

(2)拳

竞技健美操运动中的拳比其他手型呈现出的动作力度感觉更加显著,实心拳就是具有代表性的拳。

(3)指

在竞技健美操的发展过程中,指的手形动作逐步产生,剑指就是一个代表,具体动作要点是大拇指、无名指和小拇指弯曲,食指和中指并拢伸直。

(4)特殊风格手型

在竞技健美操音乐多样化的影响下,竞技健美操运动员表现自身风格的手形动作同样呈现出了多样化特点。在竞技健美操运动积极汲取各类文化的过程中,西班牙手型和阿拉伯手型等特殊风格的手形相继产生。

2.手臂练习

(1)两臂上举

两臂经前绕至上举,双臂间距与肩同宽。

(2)两臂侧举

两臂经侧绕至侧举,掌心可向上或向下。

(3)两臂前举

两臂由下举向前绕至前举,两臂间距与肩同宽,五指并拢或分开,掌心向对或向上、向下、握拳等。

(4)两臂后举

两臂经前向后绕至后下举,手臂尽量向后,臂距与肩同宽。

(5)两臂前上举

两臂经前绕至与前举与上举夹角为45°的位置或前侧上举。

(6)两臂前下举

两臂经前绕至与前举与下举夹角为45°的位置或前侧下举。

(7)两臂胸前平屈

两臂屈肘至胸前,大小臂都与地面平行,前臂平行于额状轴,小臂距胸10厘米左右。

(8)双臂侧举屈肘

双臂侧举同时屈肘,使前臂和上臂呈90°。

(四)躯干姿态

1. 躯干稳定性

负重仰卧起坐和健身球俯卧撑都能提高竞技健美操运动员的躯干稳定性,这里着重对负重仰卧起坐进行阐析。具体来说,竞技健美操运动员仰卧,两手持实心球控制在胸前,使球尽量接近下颌。运动员可根据个人实际肌力水平,采用不同重量的实心球(一般采用2千克~3千克的)。运动员学习和训练的时间达到一定长度后,建议其循序渐进地增加实心球重量。由仰卧至起坐的过程是腰腹肌做克制(向心)工作,完成时速度要稍快些,由坐起再返回到仰卧姿势,腰腹肌则是做退让(离心)工作,身体回倒时速度放慢,通常控制在起坐时间的一倍为宜;倘若速度过快,则动作的实质应当以重力完成,如此会使腰腹肌锻炼成效弱化。因为负重仰卧起坐练习的收缩强度偏大,所以运动员要合理控制负荷重量与起坐速度。

2. 躯干灵活性

①做左右依次提肩、提两肩,左右依次前后绕肩和双肩同时绕等肩关节运动。

②做顶髋和绕髋等髋关节运动。

③做躯干前后左右移动练习。

三、身体弹动教学

(一)踏步

1. 直立踏步

上体直立,脚踏下时脚尖过渡到全脚掌落地,支撑腿落地时膝关节伸直,两臂屈肘体侧自然前后摆动。

2. 弹动踏步

根据音乐节拍踏步,手臂配合下肢依次前后摆动。踏步动作过程中摆动腿屈膝抬起时,支撑腿同时也微屈膝,摆动腿落地时支撑腿也伸直。学习弹动踏步时可以先慢节拍进行练习(如两拍一动),根据熟练程度逐步加快节奏。在完成直立踏步练习的基础上完成弹动踏步练习,从而切身感受各种动作感觉。

(二)蹬、伸

1. 基本蹬伸

一脚踏在踏板上,然后用力快速向上蹬直,保持身体垂直轴的控制,两腿依次进行。

2. 负重蹬伸

小腿绑沙包做蹬伸练习,使身体在增加负荷的情况下进行练习。两腿依次进行,反复练习。

3. 原地腕、膝关节弹动性

两脚并拢,脚随着音乐节奏抬起落下,同时膝关节伸直屈伸,脚跟始终不离开地面,两臂屈肘于体侧自然前后摆动。

(三)踢

1. 弹踢

一条支撑腿膝踝关节弹动的同时,另一条腿有控制地进行弹踢小腿,膝踝关节有控制地伸展,可进行单腿不间断地弹踢,也可两条腿交替练习。在两条腿交替弹踢的过程中,支撑腿踝关节始终保持有弹性地屈伸,原地动作练得熟练且有一定弹性时,可以进行行进间的弹踢训练。

2. 弹动纵跳

弹动纵跳动作共4拍。1、2拍原地屈膝弹动,手臂配合下肢同时前后摆动。3拍向上纵跳,手臂顺势上摆至上举。4拍落地缓冲,手臂顺势下摆至体侧。

3. 原地连续小纵跳

两脚并拢,足尖始终不离开地面,足跟随音乐节奏抬起落下,两臂屈肘于体侧前后自然摆动,做踝关节屈伸的训练。

四、移动重心

(一)原地移重心

1. 向前移重心

立正,两手叉腰。左腿前擦地,右腿蹬地重心迅速前移成右腿后点地,收右腿还原成预备姿势,反方向重做一次。参与这项练习的运动员应确保自身达到几项要求,即两腿伸直、蹬地移重心、保持上体姿态、脚面外翻。

2.向侧移重心

立正,两手叉腰。左腿侧擦地,右腿蹬地重心迅速侧移成右腿侧点地,收右腿还原成预备姿势,反方向重做一次。两腿伸直、蹬地移重心、保持上体姿态、脚面向侧是运动员应当达到的要求。

(二)跳移重心

1.并步跳移重心

左脚前三位站立,两臂侧举。左脚向前上步,同时稍屈膝,重心随之前移。接着左脚蹬地跳起,同时右脚向左脚并拢,空中成三位脚,右脚落地。参与练习的过程中,运动员要保持挺胸、收腹、立腰的上体姿态,同时科学控制身体重心。

2.剪刀跳

采用剪刀跳的动作形式,左右剪刀跳连续进行,身体重心始终保持左右平移而没有上下起伏。学练时,两脚都不离开地面,通过两腿膝关节的依次屈伸左右平移身体重心,然后加上跳步进行剪刀跳的练习。同时注意保持好上体姿态,挺胸、收腹、立腰,控制好重心。

第三节　竞技健美操难度动作教学

一、竞技健美操难度动作的重要性

(一)难度动作分析

难度动作成套中共有12个难度动作,其中俯卧撑类2个,支撑类2个,跳跃类6个,柔韧性2个;6个跳跃动作对练习者的空间位置变化有相应要求,难度动作中有5个是具有180°以上转体动作的。12个动作的难度分值分别是0.2分的2个、0.3分的5个、0.4分的4个和0.5分的1个。这些动作对于仅有1学期普修基础的学生来说,要用不到1年的时间完成,任务相当艰巨。

(二)操练思路

难度动作中有5个是具有180°以上转体动作的,7个动作是有空间位置变化的,其中2个动作有3次空间位置变化,4个动作既有转体又有空间位置变化。因此,形成正确的本体感觉和"转体"概念至关重要,在练习时应注意进行基本技术练习,提高空中姿态的本体感觉,这是学习的重点。

每个难度动作的难易程度不尽相同,从各难度动作成功率的统计结果也可以看出,难度动作中有空间变化和转体动作的成功率较低。在练习和比赛中学生普遍反映,剪式变身跳转体180°和屈体分腿跳呈俯撑是最难以掌握的动作,这些对身体素质和基本技术两方面都有较高要求的动作应是学习的难点。

二、难度动作教学过程和操练方法

(一)突出基本功练习,打好扎实的健美操基础

从基本技术、基本素质、基本姿态抓起,突出基本功练习,建立正确动作概念是专选学生学习难度动作首先需要解决的问题。基本技术包括转体技术、起跳技术、空中技术和落地技术等,对技术细节要从严掌握,一丝不苟,在完成基本技术动作时要节奏鲜明、动作优美用力。基本素质指完成动作所必备的身体条件,主要包括力量、柔韧、速度、耐力和灵敏等。对于专选学生来说,最迫切需要提高的是力量与柔韧素质。基本姿态指完成动作时正确的形态和身体的标准位置,包括躯干、后背、骨盆的稳定性和腹肌的收缩,上体的关节位置,颈肩的姿态以及颈椎相对于脊椎的位置,踝关节和膝关节的相对位置等,这些是体现健美操姿态特色的关键。以上三方面紧密联系、互相促进,缺一不可。只有重视打基础,对动作技术要领和规格有严格、明确的要求,才能体现健美操的灵魂"健与美",才能为学生在健美操方面的后续发展创造条件。

(二)运用多种学习方法,增强练习效果和练习的兴趣

健美操动作技能的学习掌握主要依靠操练者获得机体内部信息,肌肉运动感就是其中之一。事实证明,这些内部信息仅靠示范和观察来获得是困难的,必须从个体发生姿势变化时肌肉的应答反应才可获取信息,因此通过操练者身体具体动作的练习来获取本体感知是首要的。有些难度动作的掌握不可能在一朝一夕之间完成,必须采用程序教学法或借助辅助练习器械等手段,也可通过讲解、看技术资料、动作录像等建立动作表象,并在教师助力(或利用器械帮助)下体会动作,初步建立动作概念。对学生进行专项身体素质训练时也可采用一些辅助练习手段,达到增加练习效果和提高练习兴趣的目的。

(三)充分利用有限的课堂教学时间,提高学习效率

在课堂教学的学时里,要用70%以上的时间进行实践学习,每节课在开始部分和结束部分可安排两次身体素质练习,用跳绳、冰棍跳及行进间基本步伐作为热身内容,结束部分用拉伸、柔韧练习作为放松内容。对体育教育专业的大学生而言,男生进行柔韧练习,女生进行力量练习,区别对待,分别安排不同的练习

内容也能充分利用时间。第二,采用一般身体练习与专项动作练习相结合的办法,在基本动作训练中,有意识地贯彻和体现基本体能的各项内容,并在具体动作练习中,有侧重地提出重点要求,将二级动作的学习贯穿于整个教学过程,成为学习掌握技术动作的先决条件和辅助练习。

(四)激励学生增强信心,克服恐惧焦虑心理

学生在学习难度动作时其技术、身体素质和练习效果等方面的欠缺都可能导致恐惧和焦虑等心理反应,这又会导致容易发生意外事故。因此,教师必须不断激励学生,和学生一起共同制定可行目标,形成最佳的学习状态,战胜不良心理的消极影响,增强其通级的信心。当然,效果是建立在正确技术动作和全面身体素质的基础上的。为了降低学习的难度,可采用分解练习法,运用托、扶、拔等多种手段和信号以及辅助器械等的保护与帮助。

三、旋腿与分切类难度动作教学

(一)直角支撑呈仰卧

双杠上,运动员两臂伸直支撑身体,含胸收腹、抬头,两腿并拢。两腿慢慢前伸,两脚分别放于地面,至身体伸直,身体后收至开始位置,反复重复练习。当运动员充分掌握技术动作后,应由双杠逐步过渡至地面,在腰腹肌能力逐渐增强的基础上双腿前伸时逐渐并拢,逐步达到技术动作对应的要求。

(二)"直升机"

1. 摆动绕环

分腿坐于地面,前腿摆动过身体使另一条腿迅速跟上摆动,形成两腿均摆过身体呈360°圆周。3个一组,练习3组。

2. 顶肩

仰卧于地面,两肩向上顶起,练习肩关节灵活性和力量。动作训练过程中,注意肩关节主动向上顶。3个一组,练习3组。

3. 顶肩俯撑

仰卧于地面,依靠肩、髋关节的转动带动身体转动呈俯撑姿势。动作训练过程中,注意肩关节主动向上顶,同时扣肩、含胸,双臂撑地完成动作。3个一组,练习3组。

4. 完整动作练习

当竞技健美操运动员完成摆动绕环、顶肩以及顶肩呈俯撑姿势后,建议其着

手参与完整的"直升飞机"难度动作的训练,但要保证动作过程中身体夹角不大于水平面上 45°。

四、支撑类难度动作教学

(一)分腿支撑

1. 他人辅助训练

第一,身体略微前倾,含胸收腹抬头,屈髋分腿,两腿分开至少 90°,两手略微外开支撑地面、两臂伸直。

第二,辅助者抬起运动员双脚且保证其与髋成一条直线,促使运动员双腿与地面呈平行关系,同时使运动员的支撑时间逐步增加。当运动员腰腹肌力量和下肢力量呈现出强化趋势后,辅助者双手应逐步脱离运动员,使运动员逐步具备独自完成技术动作的能力。

2. 平衡木辅助训练

第一,身体略倾,含胸收腹抬头,两手略微外开支撑于平衡木、两臂伸直,屈髋分腿,双腿分开至少 90°。

第二,两臂支撑起身体,两腿伸直尽量保持与地面平行,循序渐进地延长支撑控制时间,促使运动员更好地控制肌肉。当竞技健美操运动员的控制能力和技术动作有所改善后,通常建议其过渡到在地面上完成练习,并保证各项技术动作达到相关要求。

(二)分腿高直角支撑

竞技健美操运动员参与分腿高直角支撑练习时,可以同辅助者配合完成,具体的练习步骤是:首先,运动员含胸收腹,下颚加紧;其次,运动员双臂伸直支撑身体,身体略微后仰;再次,运动员屈髋分腿举起向上成"V"字(垂于地面),贴近于胸;最后,辅助者站在运动员身后,两手握住运动员的两脚,保持身体姿态。

对于配合竞技健美操运动员完成这项练习的辅助者来说,当运动员熟练掌握技术动作、支撑时间有所增加时,其应慢慢放开双手,促使运动员逐步具备独自完成技术动作的能力且达到相关动作的要求。

(三)直角支撑

直角支撑可通过双杠进行过渡训练。具体来说,运动员两臂伸直,两手撑于双杠支撑起身体,身体略微向前倾,含胸收腹抬头,两腿伸直并拢抬起,尽最大努力和地面呈平行关系,循序渐进地延长支撑时间。当运动员能够娴熟地运用各项技术动作后,应慢慢转移至地面上完成练习。当竞技健美操运动员的腰腹肌力量和髋腰肌力量逐步增强后,技术动作也会和竞技健美操动作的相关要求越来越相近。

五、跳跃类难度动作教学

(一)屈体分腿跳

1.两脚并拢原地纵跳

两脚并拢,屈膝发力向上起跳,两臂顺势从腰间向上摆动,两脚并拢落回原位,辅助练习。

2.屈体分腿跳

两脚并拢,屈膝发力向上起跳,空中呈屈体分腿姿态,两脚并拢落回原位。组织和开展这项难度动作练习的教练员应优先发展运动员的腿部力量和脚踝关节的爆发力,当运动员跳起高度达到相关要求后再开展空中姿态训练活动。

3.空中姿态地面练习

仰卧于地面,臀部着地,通过腹肌收缩,上肢和下肢同时向上,可以进行屈体分腿姿态的练习。

4.团身跳

两脚并拢,屈膝发力向上起跳,空中两腿屈膝团身,膝关节尽力向胸部靠近,两脚并拢落回原位。

(二)转体360°团身跳接纵劈腿

1.上步控制练习

先单腿上步站立,使整个身体站稳,体会垂直轴的控制,保护者站在运动员背后一步距离左右,用两手扶住运动员的腰部,使其重心提高。

2.单腿转体180°逐步变成单腿转体360°

单腿转体练习,提高身体垂直轴控制能力,双腿并拢开始,做单腿转体180°练习,随着能力的增加进行转体360°练习。

3.跳起360°

注意身体垂直轴的控制,收腹立腰,抬头挺胸,肩关节放松下沉。

4.纵劈腿跳过渡到纵劈腿跳落地

运动员跳起成团身姿态,再在空中迅速分腿,两腿呈纵劈叉姿势,然后缓冲落地,练习者每次应完成10个左右。运动员在团身跳的过程中,尽最大努力上抬膝关节、减小大腿和腹部之间的角度。纵劈腿的空中姿态,尽量保持脚尖膝盖伸直,两腿开度增大。

5. 转体360°团身跳接纵劈腿落地

运动员完成以上四步练习后,再完成转体360。团身跳接纵劈腿落地的难度动作练习,需要注意的是要确保身体躯干稳定、有效控制落地缓冲。

第四节　竞技健美操表现力教学

表现力对很多项评分类竞技项目的最终得分都有重要影响,竞技健美操为使健美操运动的健身性特点与阳光性特点更加显著,会科学评价和判定参赛运动员的表现力,所以竞技健美操教练员在科学指导运动员学习和运用基本动作和难度动作的同时,也要着重培养运动员的表现力。

具体到竞技健美操运动中,表现力是指练习者在拥有认知力、理解力、观察力、想象力以及自信心等的基础上,将健美操动作和健美操音乐的内涵转化成自我的内在情感,同时通过包括身体姿态、技术动作、面部表情在内的多元化外部形态不间断地反映出来,由此对观众产生吸引力和感染力的能力。对于竞技健美操运动员而言,其外在动作和内在精神气质均是表现力的统一反应。这里着重对竞技健美操表现力教学的教学方法加以阐析。

一、鼓励法

鼓励法是心理素质训练中的一项有效方法,其中心理素质训练就是科学培养运动员完成专项训练任务和比赛任务所需的多项心理素质以及个性品质,并且使运动员各项心理素质和个性品质日益完善的教育过程。对于竞技健美操运动员而言,必不可少的训练内容分别是意志训练、个性训练、学习和掌握动作过程的心理训练、比赛心理训练等。这几项训练能使运动员心理承受能力、随机应变能力以及自信心有所增强,为运动员充分展现自我和竞技健美操运动表现力增强创造条件。

具体到竞技健美操运动中,教练员凭借语言和动作在内的多项激励手段有效激励运动员的训练方法,即鼓励法。鼓励法在激励运动员积极参与竞技健美操训练方面的作用尤为显著。通常情况下,参与竞技健美操训练的运动员会很想获得其他人的表扬和嘉奖,很多人对表扬和嘉奖的渴求远远超过身体对营养物质的实际需求,同时这种渴求在任何时期都不会停下来。对于参与竞技健美操教学的教练员和运动员而言,受到教师表扬的运动员会更加清晰地意识到自身进步,教练员及时而恰当的认可能有效激发运动员坚持参与竞技健美操表现力教学的积极性,有效提高运动员掌握竞技健美操动作的效率,使运动员表现力得到大幅度增强。

就竞技健美操运动员的表现力来说,自信对参赛运动员至关重要,而运动员的自信是长期训练中持续积累的结果,教练员鼓励性话语和表达满意的动作都会使运动员自信心满满,都能为运动员表现力的增强产生积极作用。

一般情况下,教练员编排竞技健美操时科学增加令人振奋且表现力极强的动作,或者教练员与其他运动员及时对正在完成成套动作的运动员说出激励性话语,都能使运动员的表现力有所提高。被广泛应用的激励性话语包括"加油!""再大胆一点表现!"等。

二、表情法

表情法是指运动员有意识地改变自身面部表情。对于绝大多数竞技健美操运动员来说,熟悉竞技健美操技术动作和形体等方面的训练后,就有必要有目的、有意识地强化面部表情训练,原因在于面部表情训练对竞技健美操运动员的表现力水平至关重要。就一场势均力敌的竞技健美操比赛来说,在参赛双方动作技术水平相当的情况下,裁判会依据参赛者面部表情来评分,观众同样会就队员表情作出具体评价。因此,竞技健美操运动员的每个眼神、每个笑容、每个表情变化都至关重要,都会直接作用于最终的比赛成绩。

在竞技健美操表现力教学中运用表情法的意义是通过面部表情训练,使运动员熟练掌握有效控制面部表情变化的方法,进而确保其在参赛过程中同样能自如控制和调节面部肌肉,通过自信阳光的微笑满足观众审美需求。提高竞技健美操运动员表现力的表情法主要有以下几种手段。

(一)对镜训练法

对镜训练法是指运动员对着镜子训练自身的面部表情的方法。具体来说,运动员对着镜子做各种各样的表情既能有效锻炼和控制自身脸部肌肉,也有助于运动员仔细揣摩哪种表情能对观众产生更大的吸引力,进而对这种表情展开反复练习。

(二)眼神控制法

控制眼神是表情训练中的一项重要内容。竞技健美操运动员认真参与眼神训练能使其眼部周围肌肉得到有效锻炼,进而使其眼睛更富神采。能有效控制身体姿态且眼神富有感染力的竞技健美操运动员往往能把内心的情感充分流露出来,也能顺利实现内外合一的理想效果,基于此竞技健美操运动员的表现力也会获得大幅度提升,竞技健美操表现力教学的眼神控制方法如下。

眼球和眼肌训练法:①放光与缩光。慢放慢缩、快放快缩;舒眉展眼;②转眼球。正向、反向、慢转;③快转摆眼球。横摆、竖摆、慢摆、快摆等。

眼睛素质训练法:笑眼、哭眼、迷眼、羞眼、恨眼、睡眼、傲视、怒视、环视、怯视、缩光凝视、放光凝视、询问、畏惧、寻觅、关切、焦急、怀疑、惊喜、示意、央求、会意等。

眼睛与音乐、动作结合训练法:羞眼、怒视、盲眼、畏惧、焦急、陌生、寻觅等。

(三)赛中调节法

参赛运动员通过调节面部表情来调整自身竞技状态的方法,即赛中调节法。对于即将参与竞技健美操比赛的运动员来说,在赛前极易产生紧张情绪和焦虑症状,这种情况下建议运动员适当放松面部肌肉,借助手部轻搓面部即可使面部肌肉放松下来;对于赛前情绪低落的竞技健美操运动员来说,建议有意识地增加微笑次数,无法摆出笑脸的运动员可以观察正在微笑的其他人,有意识地想想令人开心的事儿也可以。这些方面都是供竞技健美操运动员自如控制面部表情的有效方法,有助于参赛运动员呈现出最佳状态。

三、观察法

观察法是指利用外部媒介展开直观观察,由此发现不足并实施有针对性地改正,最终增强竞技健美操表现力的训练方法。采取观察法的竞技健美操教练员往往会用到录像与镜面这两种外部媒介。

(一)录像观察法

录像观察法是指借助摄影摄像等现代化设备来协作训练。具体来说,录像观察法就是指利用外部媒介记录练习者表现,并在此基础上把运动员在训练过程中的问题直观表现出来,由此推动运动员快速而精准地发现和改正自身问题,最终使运动员训练水平有所提升的一种方法。

录像观察法对竞技健美操表现力教学产生的积极作用如下:一方面,能使运动员直观认识到自身动作上的问题和不足,推动运动员更加清晰而明确地改正动作,改善教练员培养运动员观察能力的实际效果,此外能把运动员主观能动性有效调动起来;另一方面,录像观察法能打破时间局限性,快速而准确地记录短时间内发生的情况,从而使运动员清晰地看到自身完成动作的协调程度、到位程度、实际力度、节奏感强弱以及是否优美,同时也能使运动员清晰地看到自身面部表情是否合理而自然,最终达到发现不足和改进不足的目的。

(二)镜面观察法

镜面观察法是指运动员对着镜子观察自身技术动作、身体姿态以及面部表情等方面的训练方法。镜面观察法有技术动作训练、身体姿态训练以及面部表情训练三种类型,这种方法和录像观察法的实质相同,即均借助视觉感受观察训练情况。当录像设备不足时,镜面观察法不失为高效而实用的方法。运动员借助镜子观察法评价自我表现,同时基于自身感受立足于主观层面适当调整技术动作、形体姿态以及面部表情等方面的问题,最终有效改善自身训练成效与表现力。

四、模仿法

基于具体需要进行相应模仿来提高竞技健美操运动员表现力的方法就是模仿法。被竞技健美操运动员广泛应用的模仿手段有模仿比赛和模仿特定场景,换句话说就是模拟训练法和情境模拟法。

(一)模拟训练法

模拟训练法是指在模拟实际比赛情况的基础上开展实战练习,从而增强运动员对比赛的适应能力。一方面,模拟训练法能增强竞技健美操运动员的自信心,促使其客观认识自身实力;另一方面,模拟训练法能帮助运动员发现并纠正模拟训练过程中的问题,避免和调整运动员参赛前的不良心理状态,促使竞技健美操运动员的内心世界更加平稳,使竞技健美操运动员的应变能力和表现力得到有效增强。

(二)情境模拟法

情境模拟法是指在设置特定场景的基础上组织和指导竞技健美操运动员参与训练。在竞技健美操表现力教学中,教练员可以制定任意场景,并要求运动员借助肢体语言完成相应表演,如要求运动员模拟动物姿态和生活中特定场景等。模拟训练的方法如下。

1. 设置环境训练法

设置环境训练法的宗旨是促使竞技健美操运动员在任何环境、任何时间、任何场合均可将自身的正常水平发挥出来。供竞技健美操教练员选用的可行性方法有：在不同场馆开展教学实践活动或改变日常训练的方向；合理改变训练时间与训练场地；有目的性地组织运动员观看各类竞技健美操赛事。

值得一提的是，运用设置环境训练法的教练员要密切关注运动员是否适应发生变化的环境场地。

2. 模拟比赛环境法

第一，竞技健美操教练员在日常训练场地上根据正规比赛要求划线，同时合理设置虚拟的主席台，明确指出参与套路练习的运动员要根据正规比赛程序进行。

第二，竞技健美操教练员严格遵循点名上场、下场报分的要求，逐步实现运动员适应能力稳步增强的目标，进而使运动员的比赛恐惧感逐步消减。教练员在竞技健美操教学实践中科学融入比赛情境，有助于减轻参赛运动员的心理压力。

从整体来说，当竞技健美操教练员运用模拟比赛环境法开展相关训练时，身为竞技健美操运动员应当端正学习态度，而身为教练员应当密切关注运动员的具体反应和发挥水平，对运动员出现的问题加以指导。

五、培养法

培养训练法是指竞技健美操教练员综合培养运动员的健美操兴趣爱好与音乐修养等。对于竞技健美操运动员而言，表现力并非独立存在的一种能力，相反表现力是多项能力的综合反映。因此，针对竞技健美操运动员开展的表现力训练不只是要高度重视专项技能训练的意义，也要把其他方面的训练置于重要位置。

诸多实践表明，全方位发展的竞技健美操运动员才能在比赛过程中正常发挥技术状态，所以说科学培养竞技健美操运动员的综合素质尤为关键。促使竞技健美操运动员的综合能力得以增强，能为其自内向外地发挥表现力创造条件。培养竞技健美操运动员的综合能力应从以下两个方面抓起。

（一）培养广泛的兴趣

兴趣是组成个体个性倾向性的一个关键部分，兴趣包含稳定兴趣或不稳定兴趣以及广泛兴趣或专一兴趣等多种形式。对于竞技健美操表现力教学实践活动来说,倘若运动员对表现力教学呈现出稳定且专一的兴趣,会促使其参与竞技健美操训练和比赛的主观能动性有所增强,由此也会使其掌握技术技能的效率大幅度提升。与此同理,拥有广泛兴趣的竞技健美操运动员,其艺术修养、表演能力以及表现力会逐步增强。

值得一提的是,竞技健美操教练员培养运动员兴趣时不应单方面培养健美操方面的兴趣,而应培养运动员在多个方面的兴趣,如此能使运动员的艺术修养得以增强、审美情趣得以提升、良好形象思维能力逐步形成、个人修养和表现力有所提升。

(二)培养音乐修养

竞技健美操运动中的音乐发挥着至关重要的作用,从某种程度来说音乐是竞技健美操的灵魂。作为一名竞技健美操运动员,一方面要具备很强的音乐感受能力,另一方面要具备准确把握音乐节奏的能力,所以说教练员要有意识、有目的地培养运动员音乐修养。

培养竞技健美操运动员音乐修养的具体策略是指导运动员坚持听类型各异的音乐,由音乐逐步联想到具体的故事情景或者景色,由此更加精准地表达具体情感;引导运动员反复揣摩音乐的内涵、认真剖析音乐的结构、深入探究表现音乐的最佳方式方法。

六、状态调节法

竞技健美操运动员在赛前出现情绪紧张和焦虑等不良反应时,往往会对其表现力产生直接性影响,所以说作为一名竞技健美操运动员一定要逐步增强自身调节不良反应的能力,具体调节方法如下。

(一)鼓励调节法

针对在赛前出现紧张和焦虑的运动员,建议教练员选择称赞性语言和忠告性语言对运动员心理活动产生正面影响,进而使运动员逐步脱离紧张情绪和焦虑反应,能消除紧张情绪、摆脱焦虑反应的竞技健美操运动员,才能在比赛中有稳定的发挥。

(二)自我调节法

通常建议竞技健美操运动员在赛前运用积极的语言来暗示自己和鼓励自己,促使这些语言发挥出稳定情绪、增强自信心、使自身实力充分表现的作用,被竞技健美操运动员广泛应用的语言有"相信自己一定会取得胜利",等等。

（三）呼吸调节法

对于绝大多数竞技健美操运动员来说,深呼吸练习能使他们的紧张情绪逐步消除。深呼吸练习的具体做法就是缓慢的呼气和吸气,通过长吸气和有力的呼气练习来提高情绪兴奋水平、稳定运动员情绪、增强运动员自信心,最终使参赛运动员呈现出最佳状态。

七、组合教学法

（一）激情组合教学

激情组合教学法是情绪调动训练中运用频率最高的方法,具体是指教练员借助某段具有代表性的艺术表现形式来调动运动员主观能动性。举例来说,教练员可以播放高水平竞技健美操运动员的比赛视频,以此来有效吸引运动员的注意力,促使运动员成为竞技健美操表现力教学的积极参与者。

（二）自信组合教学

组织和开展竞技健美操表现力教学的教师,要在最佳时间段内提醒运动员完成动作时确保身体姿态达到正确性要求和优美性要求,要求运动员始终保持良好的面部表情和自信满满的眼神,尽全力把竞技健美操运动的良好精神风貌彰显出来。

（三）风格表演组合教学

教练员播放几段风格明显的音乐,要求竞技健美操运动员配合相应的想象动作完成集体训练,逐步培养和增强运动员把动作和音乐充分融合起来的能力。

八、专项技术教学法

从本质上来说,竞技健美操表现力教学是将专项技术教学作为核心性内容的。倘若竞技健美操运动员的专项技术水平有待提高,那么即便音乐制作、动作编排以及运动员面部表情训练付出了多大努力,运动员都很难获得教练员、裁判员以及观众的高度认可。

具体来说,专项技术教学法是指将健美操基础技术作为着手点,科学而高效地展开运动员表现力教学,这项教学法往往会从以下两个方面着手。

（一）技术动作教学

对于竞技健美操运动员来说,专项技术动作是其表达个人思想和情感的首要窗口,也是其他所有表现因素的基础和前提。就技术动作教学来说,具体是指运动员把运动解剖学、运动生理学、运动生物力学、运动心理学等科学原理及规律设定为依据,在此基础上运用最科学有效的作业程序和方法进行教学的过程。对于竞技健美操教学而言,技术动作教学是核心性内容,所占比重比其他内容多很多。竞技健美操运动员高效参与技术动作教学,有助于其熟练掌握各类操化动作和难度动作,逐步增强其对动作、节奏以及韵律的实际感受,由此实现提高动作质量水平、增强技术动作感染力以及提高自身表现力的目标。技术动作教学主要由基本教学和提高教学组成。

1. 基本教学

具体来说,竞技健美操基本教学由基本技能和基本动作组成。一般情况下,建议参与竞技健美操基本教学的运动员通过认真参与基本步伐练习、徒手体操练习、健身性健美操练习、基本动作练习、难度动作练习以及成套动作组合练习,来逐步提高肌肉本体感觉和运动节奏感韵律感。

2. 提高教学

提高教学要求竞技健美操运动员参与完基本教学的基础上进行这项训练,该教学活动旨在使竞技健美操运动员进一步复习和巩固基本训练内容,逐步达到熟练掌握和运用的要求,同时慢慢朝着高、新、难动作学习和训练的阶段迈进。与基础教学阶段相比,提高教学阶段的运动强度和运动密度都有所增加,其目的是促使竞技健美操运动员熟练掌握各项动作,此外使运动员将各项动作平稳发挥出来。

(二)身体素质教学

就竞技健美操运动员的身体素质来说,不但是其具备完美表现力的基础条件,而且是其技术水平大幅度提高的基础条件。在竞技健美操表现力教学中,教练员应有意识、有计划地培养运动员的柔韧性、力量、协调性、灵敏性、准确性等多项素质。

第六章 健美操教学方法的创新与应用

第一节 常见健美操教学方法

一、讲解法

讲解法就是教师向学生阐述健美操基本知识,说明健美操动作要领、规则、要求等知识,目的在于指导学生学习和掌握健美操知识与运动技能。在新授课中一般采用这一教学方法。健美操教师采用讲解法要做到以下几方面的要求。

第一,讲解过程中要有明确的目的性,保证讲解质量。

第二,语言简洁明了,使学生充分理解讲解的内容。

第三,讲解顺序合理,一般先讲下肢动作,再讲上肢动作,最后再讲躯干、头颈、手眼等方面的配合。

第四,讲解时口齿清晰,层次分明。

第五,讲解过程中以声传情,配合手势、眼神等,将有声语言和无声表情、动作结合起来。

二、示范法

(一)示范类型

1. 完整示范

学生健美操基础较好,且所教健美操动作结构简单时,教师可以给学生完整地示范动作,从动作开始到结束连贯完成动作。

2. 分解示范

学生基础较差,而且所教动作结构比较复杂时,可采用分解动作的方法进行示范,学生掌握各个动作环节后,再进行组合练习。

(二)教学要求

第一,示范动作准确、熟练、舒展和优美。

第二，教师要清楚示范的目的，如果示范后没有达到目的，可重复示范。

第三，教师在示范过程中要详细讲解动作要领和易出错的地方，否则学生很难发现其中的要领和细节。

第四，教师要选择恰当的示范位置、示范时尽可能让全体学生都清楚地看到示范，示范时要控制好动作速度。

三、提示法

（一）语言提示

健美操教学中，教师要用精简的语言或口令来提示学生要完成什么动作，在什么时间内完成，完成多少次，以什么方法完成，要达到什么要求等。在语言提示过程中，教师需做到如下要求。

第一，提示语言准确无误，声音洪亮清晰。

第二，口令提示与音乐节奏相配合。

（二）非语言提示

在健美操教学中，教师还可以运用肢体语言、面部表情来间接提示学生要完成的动作及需要注意的地方。在非语言提示中，教师需做到如下几点要求。

第一，不管选用何种形式来提示，都要使学生明白自己的用意。

第二，肢体语言规范准确。

第三，提示时机适宜。

第四，通过提示激励学生，使学生感受到自己是被重视的，从而在课堂上积极学习。

第五，非语言提示与语言提示结合使用。

四、纠正错误方法

采用纠正错误方法可以帮助学生掌握正确的健美操动作，纠正错误方法具体有以下几种运用方式。

（一）语言提示法

在健美操教学中，学生因为记忆模糊或不清楚动作要领而出现错误动作时，教师可通过语言提示启发学生完成正确动作。在提示过程中，可提示动作名称或动作要领。

（二）指导法

学生完成健美操练习后，教师评价学生的练习情况，指出错误与不足之处，并指导学生及时改正。

（三）助力法

在健美操教学中，教师可以给学生提供直接的帮助，使学生深入体会动作的正确位置和发力点，从而提高动作的规范性。面对基础较差的学生时多采用这一教学方法。

（四）对比分析法

教师先示范正确动作，再示范学生的错误动作，让学生对比观察并找到其中的差异，认识到自己的错误并及时改正。

（五）静控体验法

有些学生在练习时不容易有效控制动作，常常出现错误，对此，教师需采用肢体控制方法使学生切实体会肌肉用力感和正确的动作方位。例如，有些学生练习时手臂伸展不直，教师可专门安排两臂伸直的练习。

五、动作组合教学方法

在健美操组合动作教学中，为了提高教学的实效性，使学生连贯掌握健美操组合动作，需采取专门性的教学方法，即动作组合教学方法。下面分析几种简单动作组合的教学方法。

（一）连接法

连接法是指按照一定的顺序将单个健美操动作连接起来，使其成为健美操组合动作的方法。例如，教师先教第一个动作，再教第二个动作，然后连接这两个动作，第三个动作和第四个动作也是如此，最后将四个动作连接起来，形成新的组合动作。

连接法的运用示例如下：

动作 A：4 迈步侧点地；

动作 B：2V 字步；

动作 A+B：4 迈步点地+2V 字步；

动作 C：2 交叉步；

动作 D：4 小马跳；

动作 C+D：2 交叉步+4 小马跳；

组合动作 A＋B＋C＋D:4 迈步侧点地＋2V 字步＋2 交叉步＋4 小马跳。

(二)线性渐进法

在健美操组合动作或套路动作教学中,教师经常采用线性渐进法进行教学。具体方法就是按顺序排列单个动作,只改变一个因素来实现动作之间的过渡,采用这一方法要注意动作的变化应以容易过渡为准。

线性渐进法的运用示例如下:

步骤 1:

节拍:1×16;动作:A;下肢动作:一字步;方向:面向前;上肢动作:双手叉腰。

步骤 2:

节拍:1×16;动作:A;下肢动作:一字步;方向:向 2 位,还原;上肢动作:双手叉腰。

步骤 3:

节拍:1×16;动作:A;下肢动作:一字步;方向:向 2 位,还原;上肢动作:手臂胸前屈,双手叉腰。

步骤 4:

节拍:1×16;动作:B;下肢动作:并步跳;方向:面向前;上肢动作:双手叉腰。

步骤 5:

节拍:1×16;动作:B;下肢动作:并步跳;方向:向 2 位,向 8 位;上肢动作:双手叉腰。

步骤 6:

节拍:1×16;动作:B;下肢动作:并步跳;方向:向 2 位,向 8 位;上肢动作:胸前击掌,双手叉腰。

(三)递加循环法

递加循环法就是学习新动作后,连接前面的动作进行综合练习。

递加循环法教学示例如下:

动作 A:4 迈步侧点地;

动作 B:2V 字步;

连接动作 A＋B:4 迈步点地＋2V 字步;

动作 C:2 交叉步;

连接动作 A＋B＋C:4 迈步侧点地＋2V 字步＋2 交叉步;

动作 D:4 小马跳;

连接动作 A+B+C+D:4 迈步侧点地+2V 字步+2 交叉步+4 小马跳

(四)金字塔法

金字塔法是指改变单个动作的练习次数,递增或递减次数,用图形表示很像金字塔。金字塔法有正金字塔法和倒金字塔法,前者指的是逐渐减少单个动作的练习次数,优点是使学生专注于动作技术、身体姿态、练习强度;后者指的是逐渐增加单个动作练习次数,优点是增加组合动作的复杂性和动作连接的节奏感,使学生的注意力集中到动作练习中,提高练习效果。

正金字塔法步骤如下:

步骤 1:1 脚尖侧面+1 迈步吸腿

步骤 2:2 脚尖侧面+2 迈步吸腿

步骤 3:4 脚尖侧面+4 迈步吸腿

步骤 4:8 脚尖侧面+8 迈步吸腿

倒金字塔法步骤如下:

步骤 1:8 脚尖侧点+8 迈步吸腿

步骤 2:4 脚尖侧点+4 迈步吸腿

步骤 3:2 脚尖侧点+2 迈步吸腿

步骤 4:1 脚尖侧点+1 迈步吸腿

(五)过渡动作法

过渡动作法就是将一个或一段简单的动作加在复杂动作之前,作为学习复杂动作的一个过渡,这对于掌握复杂动作非常有利。学生掌握复杂动作后,可去掉过渡动作再进行完整练习。

过渡动作法教学示例如下:

动作 A:4 迈步侧点地

过渡动作 N:4 并步

动作 A+N:4 迈步侧点地+4 并步

动作 B:2V 字步

动作 B+N:2V 字步+4 并步

动作 A+B+N:4 迈步侧点地+2V 字步+8 并步

动作 C:2 交叉步

动作 A+B+C+N:4 迈步侧点地+2V 字步+2 交叉步+4 并步

动作 D:4 小马跳

动作 A+B+C+D:4 迈步侧点地+2V 字步+2 交叉步+4 小马跳

(六)层层变化法

层层变化法是指在多次练习中,通过层层变化从一个动作组合逐渐过渡向另一个动作组合的方法。运用这一方法,需在原有动作的基础上做出改变,每改变其中一个动作,就要重新练习整个组合动作。

4×8 拍动作组合的层层变化练习方法示例如下:

动作 A+B+C+D:4 迈步侧点地+2V 字步+2 交叉步+4 小马跳;

改变动作 A 后:A+B+C+D:4 并步+2V 字步+2 交叉步+4 小马跳;

改变动作 B 后:A+B+C+D:4 并步+2 十字步+2 交叉步+4 小马跳;

改变动作 C 后:A+B+C+D:4 并步+2 十字步+2 上步吸腿+4 小马跳;

改变动作 D 后:A+B+C+D:4 并步+2 十字步+2 上步吸腿+4 开合跳。

第二节 健美操教学方法的合理选择

一、健美操教学方式概述

教学方法主要指的是在教学过程中,学科教师及学生为了有效实现教学任务及目的所使用的一种行为方式。就概念定义来说,大体可以分为广义与狭义两个方面。其中广义的教学方式主要指的是在进行教学过程中,健美操教师为了有效完成教学的基本任务所使用的手段与方式。从狭义的角度来说,健美操教学方式主要指的是在进行健美操教学活动的过程中,教师未来完成教学任务所使用的健美操教学方式,例如过渡动作法以及递加法等措施。

二、学校健美操课常用方法

(一)讲解法

这一方式主要指的是运用于健美操教学新授课程的示范动作之上的教学方式。在进行讲解的过程中,一定要保证具备相对明确的目的性,同时还要保证讲解的度量。不仅如此,讲解的使用语言也要始终保证相对简洁与明了,保证学生可以对讲解的内容进行充分了解。保证讲解顺序处于相对合理的状态,总体来说,一般先讲下肢上的动作,之后再讲上肢上的动作,最后再讲解有关躯干、头颈以及手眼等方面的配合。同时,讲解的过程中还要使用普通话,不仅要保证口齿清晰,还要保证层次分明。另外,教师在进行讲解的过程中,一定要保证以声传情,发挥手势以及眼神等方面的作用,促使无声的行动可以有效地发挥出有声语言的作用。

(二)示范法

在教学的过程中使用示范教学的方式,可以帮助学生更加直观地了解到学习动作的具体形象以及关键要领等,这一方式的主要目的是促使学生对学习的主要内容可以有更加直接与清晰的认识。这种方式可以有效地运用到新教材或者是动作相对比较复杂的教学过程中。在进行示范之时,具体的示范速度与方式一定要依据学生的实际水平以及动作的难易程度来决定,举例说明,对于一些难度系数相对比较大的动作,可以进行相对慢性的动作示范,对动作进行分解与示范,之后再进行完整的示范。

三、健美操教学方法的选择思路

(一)依据教学目的进行选择

健美操教学主要包括健身健美操教学和竞技健美操教学,不同类型健美操教学的目的不一样,因此所选的教学方法也有所区别,分析如下。

健身健美操教学的主要目的是增强学生体质,塑造健康优美的体型,因此选择教学方法时,以有氧方法为主,尽可能全面锻炼身体各个部位,同时还要采取一些趣味性的方法,达到提高有氧代谢能力、强身健体、愉悦心理的教学目的。

竞技健美操教学的目的是提高学生的健美操竞技能力,达到健、力、美的统一,在健美操比赛中取得好成绩。为实现这一目的,可在竞技健美操教学中采取完整与分解教学法、观摩教学法、赛练结合等教学方法。

(二)根据教学内容和对象进行选择

健美操教学中,教学内容与教学对象也会影响教师对教学方法的选择,教师所选的教学方法要能满足教学内容的实施需求,同时满足不同类型学生的需求。

在健美操理论教学中,语言讲解是选择的主要方法,但为了避免单一讲解方法给学生带来枯燥乏味感,教师需结合实际案例进行讲解,以吸引学生的听课兴趣,并通过案例辅助教学手段使学生更好地理解教学内容。在健美操运动技能教学中,示范法是主要选择的教学方法,使学生直接感知要学的健美操动作,同时也要采用身体锻炼法培养学生的身体素质,使其体质和运动技能同时得到增强。在运动技能教学中,动作的难易程度也会影响教学方法的选择,如果动作简单易掌握,则以完整教学为主,如果动作复杂难掌握,则以分解教学为主,例如,针对不同的教学内容和对象,所选择的教学方法也应体现出一定的差异性。例如,在进行理论知识教学的过程中,应利用讲授的方法。考虑到单纯口语讲授的乏味性,可以在其中适当地掺杂一些实际案例,辅助学生对知识进行理解掌握。而在运动技能教学中,则不适合采用讲授法,而应采用直接感知的示范教学。

为了提高教学方法选用的针对性,教师可对学生进行分组,针对不同运动基础的学生采用不同层次的教学方法,并鼓励同组学生相互帮助,共同向更高层次努力。

(三)依据教学阶段进行选择

健美操教学中,不同教学阶段的教学目的、教学任务不同,学生在不同阶段的运动水平也不同,因此在不同阶段采取的教学方法应体现差异性,应符合特定阶段的教学目的、任务、内容,符合学生的实际情况。下面分析三个教学阶段对教学方法的选择。

在健美操教学的初始阶段,学生初步学习健美操,运动技能处于泛化阶段,学习动作时还不是很清楚动作路线与方向,而且动作不规范,缺乏自控力,这个阶段适合采取的教学方法有讲解示范结合法、兴趣教学法等。

在提高动作质量阶段,学生完成动作对比之前明显更自如,提高了动作的准确性和协调性,但依然不太熟练动作技能,针对这个阶段的特点,适合采取的教学方法有完整与分解结合教学法、重复练习法等。

在健美操教学的后期,学生对健美操动作技能已经非常熟练,完成动作技能时基本已经达到了自动化水平,可以熟练又优美地展示整个动作,连贯自如,为了使学生将所掌握的技能运用到实战中,这个阶段可采取的教学方法有观摩比赛法、模拟比赛法,同时还可以采用创新教学法来培养学生的创造性。

(四)根据不同层次的学生进行方法选择

多媒体环境下的健美操教学方法克服了过去传统教学模式的弊端,针对不同层次的学生,寻求轻松、活泼、新颖、多样的教学方法,使每名学生都能参与其中、乐在其中,调动学生的积极性,激发他们的学习热情。通过多媒体的使用,能创造比较好的健美操运动情境和情绪体验,开阔学生视野,提高学生自主学习的能力。利用声音、图像、动画等多媒体技术,全方位地剖析重点、化难为易,用新颖的教法手段来帮助学生建立正确的动作概念,让学生直观、主动地掌握动作。

通过学生之间相互讨论与合作,有利于培养学生创新思维和能力,教师以平等的姿态参与和引导学生学习,使教学方式从被动灌输型转向主动探究型。

四、健美操教学方式的应用

(一)健美操教学方法的组合运用

在现代健美操教学中,因为每个教学方法本身就有局限性,有各种各样的缺陷,所以只采取单一教学方法所起到的作用和达到的效果是有局限的,难以最大限度地实现教学目标和提高教学效果。针对不同的教学阶段的优秀的健美操教学方法,加以灵活运用可以产生更好的教学效果。首先动作学习初始阶段,这一阶段是学生建立正确动作的概念和表象,在完成动作时表现为动作不连贯且费力,常有多余动作出现。教师首先通过多媒体进行一次完整的示范演示,让学生直观感受动作的全貌,建立运动表象,这时教师再用简洁精炼的讲解使学生建立正确的动作概念。在纠正错误时,教师可以进行补充示范。待学生动作技能巩固后,再用语言刺激,同时运用持续时间为五到十分钟的多媒体教学让学生对动作有初步的感官了解。

其次在动作强化完成阶段,采用图像法、完整分解法、重复练习法、纠错帮助法、示范法、情境创设法、提问法、合作练习法等教学方法。针对这一教学阶段的特点,注意动作细节与要点,逐步掌握正确动作技术消除各种错误动作,改善动作协调性、提高动作质量。因此,健美操教师要善于从教学目的、教学内容、教学对象以及教学阶段出发而将适宜的教学方法组合起来加以运用,从而最大限度地实现理想的教学效果。例如,讲解法与示范法组合、完整教学与分解教学组合、游戏法与比赛法组合、技术练习与身体练习组合、重复练习和间歇练习组合,等等。对不同教学方法的多元化组合运用能够使各种教学方法取长补短,发挥各自的优势,弥补不足。

(二)使用教学方式时所关注的重点

健美操教师在进行动作的讲解过程中,一定要注意保证自己的语言简单明了,同时还要保证动作的方向、路线、速度与变化节奏等处于一种十分清晰的状态中。在进行动作的示范过程中,一定要保持一种比较优美、准确的状态,示范的位置也要处于一种恰当的状态中。

在发挥提示法的作用之时,一定要保证语言的简洁与准确,同时,提示语也要充分配合音乐的节奏。同时还要保证学生可以有相对充足的反应时间。而在进行非语言提示之时,保证手势与符号的清晰及有力,善于运用眼神进行情感的表达。

第三节 健美操教学方法创新的思路

一、在健美操教学中引入创新型思维的必要性及作用

健美操是一项融入了舞蹈、音乐、体操的新型体育课程,在教学过程中,不仅可以让学生得到有效的体育锻炼,还可以培养学生的生活情操与艺术情感,使得学生可以协调、全面地发展,增强身心健康,培养出积极健康的生活状态。健美操本身具有高艺术性、强创造性和简单易学等特点,而且不会受到运动场地、天气因素等客观因素的影响,动作丰富、内容新奇且多变的表现形式,很容易就会让学生对它产生浓厚的兴趣。在健美操教学过程中,还可以配上优美和谐的音乐,呈现出符合学生青春向上的气质的特点;而且健美操的动作符合个性化教学的特征,非常容易普及,学生可以通过学习健美操来改变身体的姿态,提升自身的气质,陶冶艺术美的情操。健美操的教学音乐可以选择当下学生较为喜爱的流行音乐,教学的动作设计也需要符合现在学生的审美观念,必须把创新思维引入到健美操的教学中来,才能提高健美操课程的教学质量水平。

二、贯彻"以人为本"的教学理念,满足学生的自我发展需求

在健美操教学中,"以人为本"的教学理念提供了重要的导向,在这一核心导向的引领与启发下进行健美操教学方法的创新具有非常重要的意义,这就要求健美操教师及时转变教学观念,树立全新的教育理念,为学生健康成长与全面发展服务,并运用新理念对教学方法的改革创新加以规范。在"以人为本"教学理念下应该从以下几个方面来进行健美操教学方法的创新。

第一,设计具有启发性的教学方法,引导学生进行自我定位与自我评价,以培养学生的自主学习能力,促进学生自我发展价值的实现。

第二,创造激励性教学方法,对于不同学生之间的差异要正确对待,对学习水平较低的学生给予尊重与关心,采用激励教学方式带领学生进步,对学生在学习过程中的良好学习态度和努力付出予以肯定,增强其学习信心,使其学习的积极性更强。

第三，在健美操教学方法的改革与创新中，将教学方法的精准性提高到新的水平，使学生的自我发展需求得到充分满足，并在精准教学方法的实施中培养学生健康的身体素质与心理素质，同时促进学生综合素质的提升。

三、创建轻松活泼的教学环境，激发与调动学生学习健美操的兴趣

应在健美操教学方法的创新与运用中创建轻松的教学环境、营造活泼的教学氛围，使学生感受到学习健美操的趣味，并乐于主动学习。为了达到这一目的，需做好以下几方面的工作。

第一，健美操教师要善于调动课堂气氛，使学生保持愉悦的心情来自主学习、配合教师，使其在良好的状态下对健美操的魅力产生深刻的体会，从而将其学习兴趣和热情激发与调动起来。

第二，要营造轻松欢悦的课堂教学氛围，就要充分利用与凸显健美操本身具有的律动性特征这一优势，在充满律动与节奏的健美操教学中能够将所选教学方法的功效最大限度地发挥出来。

第三，在健美操教学方法的创新中提高方法的开放性，将趣味性、兴趣等元素融入新的教学方法中，为营造活泼欢快的课堂氛围提供便利，在欢快、活跃、充满律动的健美操教学中使学生保持长时间的学习兴趣，提高健美操知识素养和运动技能水平，达到良好的教学效果。

四、有机整合多种信息化教学方法

在现代教学理念下改革与创新健美操教学，促进健美操教学有效性、实效性的提升，进一步提高教学质量，培养学生的健美操运动能力和综合素质，就要充分重视对健美操教学方法的整合、优化与创新，探索科学的整合优化模式以及创新策略，科学设计多元化的信息化教学方法，并在课堂教学中综合运用丰富的现代化教学方法来指导学生学习，切实保障教学效果和教学质量。

例如，在健美操基本姿态教学和乐感训练中适合采用微课教学方法，同时可以将翻转课堂、慕课教学方式融入其中，综合运用这些教学方法提高基本姿态教学效果和乐感训练效果。这几种信息化教学方法的整合运用方式为，先设计与应用微课教学法，再将翻转课堂教学法引入其中，使学生结合微课内容预习所学知识，同时将慕课资源分享给学生，使学生在自主学习时可通过慕课解决自己的学习问题，及时获得有价值的指导与帮助，最后将自己的学习成果、经验或感想

分享到慕课平台上。在整个过程中,教师要把握好教学重难点,帮助学生掌握重难点内容,并促进学生学习效率和效果的提升,最终全面提高教与学的双面教学效果。整合运用不同的信息化教学方法还能激发学生的学习兴趣与积极性,提高学生对信息化教学方法的理解水平和运用水平,提高其学习效能。

五、促进传统教学与多媒体教学的结合

多媒体教学是现代教学理念下健美操教学方法的重要发展方向之一,在现代健美操教学中应更新思想观念,重视多媒体教学方法的运用,将多媒体教学技术手段充分运用到健美操课堂教学中。在健美操教学中,多媒体技术大都是以教学辅助手段的角色出现的,利用这类辅助性手段可以有效改革传统教学方法,设计出更多新颖的教学方法,从而不断丰富教学方法体系,提高教学的立体性、直观性和趣味性,为教师选用教学方法提供更广泛的空间与更充足的选项。

在健美操教学中,师生的互动非常重要,教师要与学生多沟通交流,但是多媒体教学软件虽然为师生线上沟通交流提供了便利,打破了时空局限,然而却限制了师生的近距离互动,使师生的互动变得有了距离感,这样在一定程度上不利于健美操教师真正了解学生的学习需求和学习情况。所以说,多媒体教学大多数情况下是传统教学方法的辅助性手段。

传统教学方法具有强大的生命力,之所以能够延传至今,有其自身的价值、优势与可取性,在推动健美操教学发展、提高教学质量方面确实发挥了不可估量的作用,因此必须正确对待传统健美操教学方法,正确处理传统教学方法与多媒体教学法的关系,分析二者各自的利弊,加强整合,发挥各自优势,促进二者相辅相成,共同发挥提高教学效果的功能价值。

六、健美操教学方法创新的具体实施

(一)针对学生的具体特点,创编不同风格和节奏的舞蹈

由于大学生现在正处在个性张扬、青春奔放、求知欲很高的阶段,他们对于新事物充满了热情,模仿能力很强,喜欢特立独行,所以教师要学会利用学生的这些特点,首先教师要根据平日里对学生的了解,仔细地分析每个学生的个性特征和与之相符合的音乐,教师通过学生的个性的相似度,把学生分成不同的小组,然后再选定适合他们个性发展的音乐,不同的音乐和不同的学生对应的健美操的表演动作就是不一样的,所以教师和学生通力合作,编排出适合的自己的表

演风格和舞步节奏,这样就能既能具体问题具体分析,又能培养学生的学习积极性和创造性。

(二)优化教学模式,激发学生的学习积极性

在教学的过程中可以采用多种方式,随着科技的发展,多媒体技术成了教学的重要辅助工具。所以教师在教学的过程中,可以利用多媒体强大的音频、视频和图形等特点,运用到健美操的教学中,教师可以为学生播放健美操教程的视频和相关的健美操比赛的视频,从视觉、听觉来激发学生的学习积极性,学生还能通过观察创编属于自己的舞步。

(三)用音乐刺激学生的灵感,培养学生自我创新意识

音乐是健美操表演的灵魂,因此音乐的选择对动作的节奏、风格、速度和整体的布局都有很大的影响,在健美操课堂上,教师除了要为学生讲解基本的动作要领之外,还要加强学生对于音乐的认识和感知,因为健美操和音乐是相辅相成的,所以教师通过播放不同的音乐刺激学生的灵感,运用自己的创造性思维,跳出适合自己的舞蹈。

(四)采用规范合理的考核和评分方法

在体育健美操的教学过程中,对于学生的考核要摒弃学生由于先天的因素在学习和创新取得进步就一律肯定的模式,在新时期,对于学生考核标准是学生在学习过程中的进步的幅度和努力求知的创新的程度,要鼓励学生形成自我评价和互评的模式,鼓励学生创编新动作,发掘新音乐,注重培养学生对于健美操的全面素质和能力的培养。

第四节 创新健美操教学方法设计与应用

一、健美操教学中微课教学方法的设计与应用

(一)微课教学方法的概念与特点

微课教学是指以视频为主要载体,在短时间内集中围绕一个知识点展开教学,解决问题,最终以视频的形式呈现学习内容的教学方法。微课教学视频是非常重要的学习资源,为学生在线学习提供了很大的方便。

微课教学方法具有以下几个鲜明的特点。

第一,教学时间短、教学内容少。

第二,虽然时间短,但也是一个完整的教学过程。

第三,教学形式灵活,为教师和学生获取教学资源提供了方便。

(二)健美操微课教学方法设计与应用原则

在健美操教学中应用微课教学法应贯彻以下几项原则。

1. 清晰简明

一个人保持最佳状态的持续时间是5～10分钟,在最佳状态下注意力最为集中,学习效率最快,而微课教学本身就是短时间的教学,利用这个特征设计与运用健美操微课教学法,要注意在有限时间内简明扼要地呈现教学内容,直击重点,清晰表达,并将文字与图片有机结合起来,以提高视频的美观性,吸引学生的注意力,使学生快速掌握教学内容。

2. 突出针对性

因为微课教学本身时间就短,在短时间内不可能完成很多内容的教学,所以必须结合学生情况和教学重难点选取量大小适宜的知识点,在教学中围绕这个知识点说明相关问题,使学生学习起来更有针对性,效率更高。

3. 适时分解

微课教学短小精悍,时间短,内容也少,但这丝毫不影响教学的整体性与过程的完整性。鉴于微课教学的这些特征,在健美操微课教学设计中要善于适时分解教学内容,如将组合动作分解为若干单个动作,将成套动作分解为若干组动作,然后重点讲解,为学生课后学习提供便利。

(三)健美操微课教学方法应用设计

1. 教学程序设计

在健美操微课教学方法设计中,教学程序设计也就是方法实施过程的设计,在这方面应从三个阶段进行安排,包括课前准备、课中教学与课后安排。一般在课前、课后安排学生对微课教学视频的自主学习。课前对微课视频进行制作并及时上传,为课中学习提供资源和工具,学生反复观看视频,总结自己的问题,课中提出问题并获得教师的解答与帮助,教师耐心指导学生,解决学生提出的问题,这样课中教学效率就会大大提高。课后学生复习和预习功课也可以将微课视频利用起来,以巩固所学知识,并为学习新内容做好充分准备。

(1)课前准备

课前准备主要是制作与上传健美操微课教学视频,并在线解答学生的问题。健美操教师在正式上课前几天将微课教学视频制作好,并向微信、微博等相关平台上传,以学生的学习情况为依据对学习任务进行安排,要求学生在课前利用教材和视频资源进行自主学习,并根据视频中的指导来练习健美操技术,将闲暇时间利用起来随时随地学习与练习,为上课做好充分的准备,提高自己的健美操运动能力。课前师生可以利用多媒体平台探讨问题,互动交流,对于学生提出的普遍性和个别性问题,教师要做好整理,以便在课中集中解答,学生课前学习结束后也要注意反思与评价自己的学习成果,正视自己的问题,及时向教师反馈与咨询,而且自身也要不断自觉练习以巩固运动技能。

在健美操微课教学的课前准备阶段,教师制作微课视频是非常关键的一步,视频质量直接影响微课教学的效果。

①建立制作标准

首先建立微课教学视频的设计标准,按照标准进行设计,确定主题,保持与教学内容的一致性。

②选择媒体内容

媒体内容是非常重要的素材,选择素材是微课教学视频制作中最基础的环节,也是非常重要的环节,视频制作能否成功,质量如何,都受到素材选择的影响。选取素材时要以健美操教学目标、学生认知特点及学习需求、学生审美特点等为依据,突出素材的实用性、审美性及其他价值。

③整合媒体内容

制作多个片段视频,从中精心选择满足条件的视频,然后加以合成。

④模块化划分

对教学内容进行模块划分,然后编号,为脚本设计奠定基础。

⑤脚本设计

脚本设计包括编写视频文字稿和制作视频脚本,制作时先进行整体制作,再详细制作。

⑥制作微视频

按照教学目标和教学要求制作微视频,最终制作成果要能引起学生的注意,使学生对健美操学习产生兴趣,要成为学生健美操学习中重要的学习资源。

(2)课中设计

课中教学是健美操微课教学方法实施程序的核心环节,在这方面要以健美操教学进度为依据设计每节健美操课的教学方案。学生经过课前预习后做好了充分的学习准备,对教学内容有了比较多的了解,而且有的知识与技能已经掌握好了,所以在课中主要是检验学生的预习情况,解决学生在预习中的问题,然后剩余时间可以安排新知识的教学或让学生自由练习。

微课教学设计中之所以安排课前预习这个环节,主要是为了提高课中教学的效率,节约课堂时间,从而使学生在课堂上的自主练习时间更多一点,这样有助于教师观察学生并发现问题,及时帮助学生纠正错误动作,同时还能使学生有时间掌握更多的知识与技能,使学生知识面更广,运动能力更强,学习兴趣更高。

健美操微课教学程序中,课中教学阶段一般安排下面几个教学环节。

环节一:教师讲解、示范本节课重难点动作,让学生对所教动作进行直观学习与掌握。

环节二:教师解答学生在线上提出的问题,解答问题时要善于启发学生一起探索问题的答案,共同答疑,使学生对答疑方式和最终答案印象更深刻。如果教学对象健美操学习能力较差,教师在分解示范上花的时间就要多一些,然后再让学生自主思考与练习。

环节三:教师对学生进行分组,各组学生听安排练习,教师观察指导,在这个过程中要对学生的自主创新能力提出一些要求。

环节四:利用课堂时间进行知识拓展学习,播放精彩的健美操比赛视频,使学生学习健美操竞赛规则。同时还要安排身体素质练习,为学生技能的提高奠定基础。

环节五:教师点评学生的学习成果,指出问题和需要改进的地方,这样学生在课后练习时就更有针对性。

(3)课后反馈

课后反馈环节教师进行教学反思,对教学设计方案予以完善,并制作新的微课视频,为下次课做准备。

课后学生认真完成教师布置的作业,反复观看微课视频,自觉练习,巩固技能,同时也要与同学展开关于学习经验的分享与交流,取长补短、共同进步。

2.教学资源设计

(1)确定教学目标

首先将健美操微课教学目标确定下来,再依据此将学习目标确定下来,然后依据教学目标和学习目标展开后面的设计工作。

(2)确定主题

根据健美操课程教学目标与任务确定微课主题。

(3)分析教学内容

教师认真分析教材和教学内容,充分把握重难点内容和学生容易出现错误的内容。

(4)分析学习资源

支持学生学习的物质条件就是所谓的学习资源,对学习资源的分析与选用直接关系到学生的学习成果。在这一环节要将健美操教学特点和微课教学特点结合起来,对丰富适宜的学习资源进行选择。

(5)分析学习者

对学习者的兴趣爱好、健美操基础运动能力、身体素质进行分析,针对不同层次的学生设计与选用不同的教学资源。

(6)选择学习方法

贯彻因材施教原则,根据对学习者的分析结果对适合不同学生的学习方法进行设计与选用。

(7)选取课程内容

根据教学目标将课程内容确定下来,课程内容要满足学生的兴趣爱好,有助于促进学生全面发展。

(8)设计学习过程

微课学习过程较为复杂,因此要设计好每个环节,各环节之间紧密联系,相互影响,教师在学生的学习过程中发挥着重要的引领作用,同时要注意培养学生的自主学习能力。

(9)设计教学评价

微课教学效果是否达到预期目标,这是终结性评价;微课教学过程中学生是否积极学习,这是过程性评价。

(10)教学反馈

微课教学结束后教师认真反思自己的教学行为,并总结学生提出的问题和建议,以完善设计方案。

二、健美操教学中三段式任务驱动教学法的设计与应用

(一)三段式任务驱动教学法的阐释

三段式任务驱动教学法是将教学过程分为动态的自主学习、相互协助学习、任务的驱动三个教学部分,这三个部分既相互独立,又相互联系,环环相扣,呈递

进式,由被动变主动激发学生的学习积极性与创造性,培养学生的自学能力,提高学习效率。其中自主学习强调提高学生的自主学习能力,为学生找到合适的学习方法,这个阶段的学习主要解决基础性问题;协作学习阶段以学生的探究为基础,学生之间相互学习,相互沟通共同达到目标;任务驱动阶段,教师根据学生的学习情况布置任务,引导学生在探索中完成任务,然后再总结学习过程和成果。

(二)健美操三段式任务驱动教学法的应用流程设计

在健美操教学中采用三段式任务驱动教学法,应按如下步骤设计教学过程。

1. 提出教学目标

教师制订教学目标时在课前做好充分准备,深入研究教材内容和课程标准,了解学生特点,制订出可操作性强的具体的教学目标。

2. 设计教学任务

教师根据不同学生的特点对任务进行分类,由简到难,由上到下,可在课前先制定一个大任务,再细化成具体的任务,也就是分解成二级甚至三级子任务来逐个完成。教学任务要有趣味性、开放性、操作性、针对性。根据学生学习情况循序渐进地布置任务,难度逐渐提升。

3. 教师指导学生学习

自主学习阶段,让学生了解健美操的基本知识及基本动作技能,有效引导学生积极学习,激发学生兴趣。

协作学习阶段,注重互动学习,以学生为主体相互帮助学习基本动作技能,教师及时纠正学生的错误,尽可能充分解决学生学习中出现的问题、错误动作和教学难点。

任务驱动阶段,总结学生的学习结果,认真反馈、梳理,布置更高层次的任务,使学生保持良好的自主学习态度及课堂参与程度。

4. 学生自主学习

正确引导学生自主学习健美操课程,当学生了解健美操基础知识及基本动作技能后,要设置一些简单的问题使学生自主解决,并让学生利用已学知识进行拓展学习。

5. 检验学习效果

对学生的自主学习情况进行检验,根据学生的学习情况开启下一阶段的教学工作。

6. 教师纠正

教师作为主要引导者要不断纠正学生的错误动作,提高学生健美操动作技能的规范性。

7. 任务驱动

学生基本了解并体验健美操运动技能后,引导学生归纳、总结并了解健美操动作的联系,使学生对健美操知识的掌握达到结构化和系统化,以便于学生理解和记忆。在学生能够运用所学知识与技能后,设计较高层次的应用任务,使学生对健美操知识与技能的掌握及运用达到较高层次。

8. 课后总结

检验课堂教学成果,教师和学生都要进行总结评价,评价时指出学生自学存在的疑难问题,并给出解答。

第七章　健美操教学模式的创新与应用

第一节　常见健美操教学模式与应用

一、成功体育教学模式

成功体育教学模式主要是充分利用个体的成就动机展开教学活动,充分激发学生学习的积极性,促进学生学习水平提高的一种教学模式。在这一模式的应用下,通常能取得不错的教学效果。如今,成功体育教学模式也常应用于健美操教学中,对于健美操教学质量的提高具有非常重要的意义。

如今,成功体育教学模式在健美操教学中也得到了一定的利用,取得了不错的效果。这一教学模式非常重视学生主体作用的发挥,要求通过学生自己的努力完成学习目标,实现教学任务,在这一教学模式的应用下,学生的自信心得到了很大的提高,学习能力也获得了一定的提升,这对于学生综合素质的发展非常有利。

(一)指导思想

第一,以学生为主体组织与开展健美操教学活动。

第二,为学生创造和谐的健美操练习的环境。

第三,在教学中利用相对评价与绝对评价结合的方式对学生进行评价。

第四,十分重视学生的学习过程,注重学生的过程性评价。

(二)优点

第一,学生能获得"成功感"或"成就感",学生能正确地认识自己,有利于学生在学习中发扬"艰苦奋斗"的精神,坚持不懈完成学习任务。

第二,成功教学模式重视学生在学习过程中的亲身体会和体验,能有效地促进学生自我学习能力的提升。

(三)适用条件

第一,可采用分组教学。

第二，必须有充足的教学资源作为支撑。

第三，对体育教师的综合素质要求较高，要具备出色的教学组织能力。

二、小群体体育教学模式

发展至今，小群体教学模式也在健美操教学中得到了一定程度的利用。这一教学模式是指在体育教师的指导下，把学生分成若干个学习小组，同组学生之间通过互动、互助、互争的体育学习，实现既定的教学目标的一种教学模式。

（一）指导思想

第一，培养学生良好的思想道德品质。

第二，提高学生的综合素质与能力。

第三，培养学生的团队意识和精神。

第四，培养和提高学生的社会适应能力。

（二）优点

而小群体教学模式更加注重学生的主体性，强调一切教学活动的开展都要以学生为中心，强调健美操教学中要采取各种手段与措施激发学生学习的积极性，有助于学生的个性化发展。

通过小群体教学模式的应用，学生的个性及集体意识都获得了不错的培养和发展。除此之外，学生的与人交际的能力也得到了明显的提升。

小群体教学模式具有一定的先进性，它充分尊重了学生个体的需要，学生个体的意见、能力、学习需要在小群体中得到尊重，除此之外，学生还能学会尊重他人，服从整体，自身各方面都能获得不错的发展。

（三）适用条件

第一，学生要具备团结协作的能力。

第二，健美操器材设备要准备充足。

第三，体育教师要有出色的教学组织与管理能力，能成功地引导学生参与健美操教学与习练。

三、主动性体育教学模式

在如今的健美操教学中，主动性体育教学模式也较为常用。这一教学模式是指以"学生是体育教学的主体"理论为指导，强调良好体育教学环境的创造，提高学生的学习主动性，促进教学从"要我学"向"我要学"转变的一种模式。这一教学模式非常注重学生这一教学主体和中心,这与"以人为本"的现代教学理念是相符的。

(一)指导思想

第一,重视学生主动参与健美操教学活动意识的培养。

第二,重视学生健美操创新意识与能力的培养。

第三,重视学生学习能力的培养。

第四,重视学生思想品德和职业素养的培养。

(二)优点

第一,这一教学模式非常重视学生主体地位的体现,在这一模式之下,学生的主体意识能得到很好的培养,学生学习的自主性也能得到进一步的提高。

第二,这一教学模式非常重视学生学习兴趣的培养,还能很好地培养学生的学习能力,并使得体育活动真正走进学生的生活。对于学生终身体育意识和能力的培养也是非常有利的。

(三)适用条件

第一,比较适合小班群体。

第二,适用于具有良好的学习自觉性的学生。

第三,适用于简单动作教学或者教学内容难度不大的情况。

四、快乐体育教学模式

快乐体育教学模式是体育教学中常见的一种教学模式,在健美操教学中,这一模式也得到了一定的利用。"快乐体育"的核心是"快乐",强调体育教学中让学生体验运动快乐,从而促进体育教学质量的提高。

(一)指导思想

第一,注重学生身体素质的发展,注重学生运动技巧的掌握,更为重要的是主张学生运动乐趣的获得。

第二,以兴趣为导向,主张采用多元化的教学方法,"寓教于乐",在快乐的学习中掌握运动技能。

第三,从情感教学入手,强调勤学、乐学。

第四,主张"以人为本",重视学生主体地位的发挥。

(二)优点

第一,能营造一个活跃轻松的教学氛围,提升学生学习的快乐体验,能有效激发学生学习健美操的积极性。

第二,能帮助学生建立快乐体育、终身体育锻炼的理念,促进学生综合素质的发展和提高。

第三,注重学生主体性的发挥,促进学生的全面发展。

第四,重视学生情感的培养,能培养出大量的符合社会发展要求的人才。

第五,在这一教学模式下,学生学习健美操不是一种任务和负担,而是自己的兴趣和爱好,整个教学过程也充满了乐趣,同时还能建立和谐的师生关系,促进教学质量的提高。

(三)适用条件

第一,适用于教学经验丰富的体育教师。

第二,适用于难度较低的健美操教学内容。

第三,适用于有一定健美操运动基础的学生。

第四,适用于具有良好的创新意识与能力的学生。

第五,具备良好的健美操教学场地与设施、器材。

五、领会式体育教学模式

(一)建立背景

发展至今,领会式教学模式在体育教学中得到了一定程度的利用,这一教学模式也可以同样应用于健美操教学之中。这一教学模式主要是通过改造教学过程结构,让教学对象充分领会新的教程。这一教学模式非常注重学生运动技能的学习和培养。

(二)指导思想

领会式体育教学模式的指导思想主要体现在以下几个方面。

第一,强调教学过程中先尝试,后学习。

第二,注重运动技能的培养和提高。

第三,注重学生学习主动性的培养。

第四,强调完整教学—分解教学—完整教学的教学模式,注重教学效果的测试与评价。

第五,主张多开展健美操的竞赛活动,强调在比赛中提高运动技能水平,这对于学生学习积极性的培养也具有重要的作用。

（三）主要优点

在健美操教学中,领会式体育教学模式的优点主要体现在以下两个方面。

一方面,学生可以在学习的过程中得到深刻的体验,能从中体会正确的技术动作。

另一方面,能有效激发学生学习的兴趣和良好的动机,提高健美操学习的效率。

六、选择式体育教学模式

（一）建立背景

如今,在我国高校体育教学中,存在着大量的选项课,选项课这一形式对于高校体育教育质量的提高起到了非常重要的作用。选项课的教学模式符合以学生为主体的教学理念,强调依据学生自身的兴趣和爱好自由选择课程进行学习,通常能取得良好的教学效果,这一模式受到教育者的高度重视。

（二）指导思想

选择式教学模式能充分发挥学生的自主性,学生可以依据自身的特点和实际自主选择学习内容、学习进度、学习伙伴和学习难度等,最大程度激发学生学习的积极性,能很好地培养学生自觉参与体育学习和锻炼的意识与习惯。

（三）主要优点

第一,学生可以依据自身的特点和兴趣自主选择学习内容,非常符合"以人为本"的基本教学理念,符合现代教育的要求。

第二,通常在这一教学模式下,学生学习的自觉主动性、学习态度、心理素质、意志品质等都能得到很好的培养,学生也能建立良好的责任意识。

第二节　健美操教学模式的科学构建

在选择与构建健美操教学模式的过程中,需要遵循一定的原则和步骤,这样才能保证教学模式构建的科学性和有效性。

一、健美操教学模式构建的原则

（一）统一性与多样性并存

为促进健美操教学质量的提高,必须构建多样化的教学模式体系,但需要注意的是,在强调教学模式多样化的同时还要注意教学模式的统一性。统一性是指在继承体育教学思想和成功经验的基础上设计教学模式。多样性则是指采用多种教学模式进行教学,相互促进、优势互补,有利于实现既定的教学目标。因此,统一性与多样性并存是构建健美操教学模式的一个重要原则。

(二)教学目标、内容、结构与功能相统一

健美操教学模式的选择与构建在一定程度上影响着教学质量的提高,因此在构建教学模式的过程中一定要处理好各方面的关系,如教学形式与教学内容、教学结构与功能等方面的问题。只有将各方面的关系处理好了才有可能构建出合理的教学模式。因此,体育教师在构建教学模式的过程中要全面分析体育教学系统中各要素之间的关系,做到教学目标、教学内容、教学结构等多方面的统一,如此才能构建出科学合理的教学模式。

(三)借鉴和创新相统一

在构建健美操教学模式的过程中还要严格遵循借鉴与创新的基本原则。结合国内教学的具体实际做好结合与创新,这样才能构建出适合我国教学特色的教学模式。

在当今社会发展的背景下,要加强与国内外的沟通与交流,引进先进的教学模式,推动我国健美操教学的进一步发展。在今后的发展中,要以正确的体育教学思想为指导,革新落后的教学模式,借鉴和吸收前人的经验,创新出有利于健美操教学质量提高的教学模式。

二、健美操教学模式构建的步骤

在构建健美操教学模式的过程中还需要遵循一定的步骤,按照既定的步骤展开健美操教学模式的设计能保证其科学性、合理性。一般来说,健美操教学模式构建的步骤如下所述。

(一)确立指导思想

构建教学模式的步骤中,确立指导思想可以说是第一步,这一步非常关键,可以说直接决定着教学模式构建的方向。以往,我国的学校体育教育一直奉行"健康第一"的教学指导思想,后来伴随着学校教育改革的进行,"以人为本""终身体育"等教学思想也不断涌现出来,极大地丰富了体育教学思想体系,健美操教学模式的设计要以这些教学思想为指导,合理有序地展开各项活动。

(二)明确目标内涵

确立了指导思想后,还要明确教学目标,教学目标的设置非常重要,因为"目标引领内容",只有在目标的指导下才能确定合适的教学内容。一般来说,健美操的教学目标主要分为课程总目标、学习目标和水平目标三个部分。在构建体育教学模式的过程中,要明确这一目标体系,这样才能保证教学模式构建具有一定的可操作性,构建出的教学模式与教学目标相符,从而有利于健美操教学活动的顺利开展。

(三)分析教学情境

受地域、经济、气候、教育水平等各方面因素的影响,我国各地区的学校体育教学存在着较大的差异,对于各地区各学校的健美操教学也是如此。因此,在构建健美操教学模式的过程中,还要具体分析教学情境。教学情境的分析可以从以下两方面进行。

一方面,要充分调查与分析学生的年龄、特征、运动基础、学习态度、体育需求、学习能力等因素,以便对学生的实际情况有一个很好的把握。

另一方面,要充分考虑健美操教学的各项客观要素,如教学场地、教学设施、师资力量等方面,这些方面的要素都能为健美操教学模式的构建提供良好的基础。

(四)选择教学内容

健美操教学模式的选择与构建还需要结合教学内容进行,因此,合理地选择与创编健美操教学内容也是非常重要的。健美操教学内容的选择与创编需要注意以下要求。

第一,要保证健美操教学内容的丰富性,学生可以根据自己的爱好自由选择。

第二,要保证健美操教学内容具有一定的可替代性,这有利于教学活动的顺利开展,也有利于教学模式的创编。

第三,教学内容要能为学生的全面健康发展而服务,同时还要注重教学内容的健身性、趣味性等,结合这些教学内容创编出良好的教学模式。

(五)创设运作程式

创设运作程序是构建健美操教学模式的最后一步,这一步骤具有实践性的特点。这一步骤的实施对于健美操教学效果的优化具有重要的作用。一般情况下,这一环节主要包括安排教学顺序、选用教学方法与手段、组织课堂教学活动等内容。

总之,只有做好以上几个环节的工作才能设计出理想的健美操教学模式,才能推动健美操教学质量的提高。

第三节 健美操教学模式改革的建议

健美操作为体育教学的重要内容,在教育体系中具有重要作用。对健美操教学模式进行改革,主要是创新健美操的教学内容和教学模式,在一定程度上能够提升健美操教学的趣味性,进而能够有效激发学生对健美操的兴趣,促使更多学生投身到健美操运动之中。健美操作为一种体育教学内容,在一定程度上能够丰富高校体育教学内容,极大地增强了高校学生的选择范围,有利于提升学生的身体素质。另外,对高校健美操的教学模式进行改革,能够有效提升教师的教学水平,促进高校教育目标的实现。在新的教育背景下,加强健美操教学模式的改革是十分有必要的。为了更好地创新出有效的健美操教学模式,促进健美操教学模式体系的进一步完善,特提出以下建议。

一、树立先进的教学理念

学校应该重视教学理念在整个教学活动中的重要性,积极采取措施树立先进的教学理念。具体而言,学校应该定期组织教师参加相关学习培训,使教师能够树立先进的教学理念,从而促使教师能够积极对自身的教学模式进行改革。另外,学校管理者应该提升自身的教学理念,重视体育教学的重要性,制定科学的健美操教学计划,加大对健美操的重视力度,从而提升健美操的教学质量。

二、提升教师的专业水平

基于教师在教学活动中的重要作用,学校应该注重教师队伍建设。对学校健美操教学而言,学校应该积极组织教师到相关院校参加学习,学习先进的、专业的健美操知识,提升教师的专业水平。另外,学校应该扩大体育教师名额,积极引进专业健美操教师,壮大学校健美操的师资力量,从而有效提升学校健美操的教学质量。

三、加强学生主体意识的培养和提高

伴随着现代教育的不断发展,传统教学中的师生关系发生了一定的变化,师

生在教学中的地位也发生了一定的改变。学生成为教学中的重要主体,一切教学活动都要围绕学生开展。伴随着这一情况的改变,体育教学模式也要相应地发生改变。学生在教学中处于绝对的主体地位,强调学生创新能力、自学能力等的培养,同时这也能促进学生的个性化发展。因此,加强学生主体意识的培养,促进学生的个性化发展可以作为健美操教学模式改革的一个重要方向。

四、加强演绎型教学模式的更新与发展

一般来说,教学模式的形成主要包括归纳法和演绎法两种归纳法是最为常见的一种,而演绎法则是从一种思想或理论假设出发,设计而成的一种教学模式,这一教学模式从理论假设开始,形成与演绎,非常重视科学的理论基础。

演绎教学模式非常强调科学理论作指导,通过这一模式的利用,能为预期教学目标的实现奠定良好的基础。可以说演绎型教学模式是教学模式发展的一个重要趋势,因此在今后的健美操教学中也要顺应时代的发展趋势,加强这方面的改革与发展,通过这一模式的利用,推动健美操教学质量的提高。

五、开展俱乐部模式,延伸体育课堂教学

伴随着现代体育运动的发展,社会上出现了大量的俱乐部,这些俱乐部包括职业俱乐部和业余俱乐部两种形式。如今,职业体育俱乐部与市场接轨,获得了高度化的发展。而业余体育俱乐部的建立则为人们参加体育运动健身提供了良好的途径。为促进学生健美操运动水平的提升,让更多的学生喜爱上这一项运动,可以采用健美操俱乐部的模式,吸引大量的学生加入其中。在俱乐部中,学生能充分发挥自身的个性,自由地参加健美操运动锻炼。这一模式可以说是健美操课堂教学的有益补充,能满足学生学习健美操的多种需求,能为学生提高健美操运动水平提供多种选择和可能。因此,在未来的改革中,这一模式值得重视。

目前,我国各学校基本实行了选项课教学模式,通过选项模式的改革,进一步拓展了课程的目标。在这一教学模式下,学生的身体素质、心理素质以及专业运动技能等都得到了有效的培养和提高。在健美操教学中,还要求学生通过反复不断地练习逐步提高自己的专项技能,充分贯彻与落实"以人为本"的教学理念,提高健美操教学的科学性。

除此之外,在健美操教学过程中,在利用各种教学模式进行教学时,还要将

人文素质教育融入其中,进一步提高学生的心理水平,促进学生的个性化发展。在这一教学模式下,学生的健美操运动水平能得到很大地提升,同时体育综合素养也能得到全面发展。

体验式教学非常注重学生在学习过程中的感受与体验,学生可以将自己的学习体会与同伴进行一定的分享与交流,在这一过程中学生能积累到大量的学习经验,将这些经验充分运用于学习之中,又能进一步提升自己的学习能力。由此可见,体验式教学模式具有良好的效果。

在健美操教学中,学生是重要的主体,一切教学活动的开展都要围绕学生进行,在健美操教学中要高度重视学生主体性的发挥,要引导学生深入学习与理解健美操知识,同时采取各种先进的教学方法培养和提高学生的实践能力,实现学生素质与能力的高度转换。在这样的条件下,学生的健美操知识与技能水平才能得到有效的发展和进步。

六、适当地采用导师制教学管理模式

为进一步提升健美操教学的质量和效果,促进现有的教学模式的充分利用,还可以采用导师制教学管理模式,充分利用教师的专项能力组织教学活动。在教师的带领下,有机融合健美操课内技能实践、课外技能管理,不断提升学生的健美操技能水平,促进学生的全面发展。课内外一体化的教学模式如今得到了充分的利用,这一模式对于学生自觉养成健美操练习习惯具有重要的作用,能有效地提高学生的健美操运动水平。

七、建立完善的教学评价监督体系

完善的教学评价体系能够有效地对教师的教学活动进行监督,从而促使教师对自己的教学水平进行提升。因此,学校管理者应该重视教学评价体系在学校教学管理中的重要作用,建立完善的教学评价监督体系,将学校体育教学纳入到教学评价监督体系之中,促使教师积极采取相关措施来对健美操的教学模式进行改革。另外学校应该吸引学生参与到教学评价监督体系之中,让学生来对教师的教学质量进行评价,使教师能够从学生的角度来对健美操的教学模式进行改革,从而有效激发学生对健美操的兴趣。

八、加大配套设施建设

基于学校健美操教学缺乏完善的配套设施,严重影响了健美操的教学质量。

因此,应该重视配套设施在体育教学中的重要性,加大对健美操教学的配套设施建设,建立完善的舞蹈教室,使健美操教学能够拥有现代化的教学场地,从而提升健美操教学的质量。

第四节　创新健美操教学模式设计与应用

一、健美操教学模式的创新对策

发展至今,体育教学模式已逐渐形成了一个较为完善的体系,各种教学模式在健美操教学中都得到了一定的利用。为促进健美操教学质量的进一步提升,还需要不断革新教学模式,以适应不断发展着的健美操教学需求。

(一)大力培养学生的综合能力

健美操教学的价值异常丰富,这些价值主要表现在增强学生身体素质,提升学生心理水平,丰富学生体育理论知识,提高学生运动技能等多个方面。这非常符合当今素质教育的基本要求。因此,学生在学习健美操的过程中要注重自身各方面素质的发展。在构建健美操教学模式的过程中,也要十分重视学生以上综合能力的培养,制定的教学模式要有利于学生各项素质的发展。这是健美操教学模式创新的一个重要方向。

(二)注重设计及利用先进的网络技术

健美操教学模式的创新与发展离不开相关人员教学设计能力的提高。健美操教学设计涵盖各方面的因素,如学校、学生、社会需求等都是非常重要的因素。在设计的过程中,要充分利用学校丰富的资源优势,为学生创造一个良好的学习环境。

如今,各种先进的网络技术在体育教学中得到了非常广泛的利用,通过网络技术,健美操教师极大地提升了自身的教学能力,学生也从中获得了发展和进步。通过对各种网络技术的利用,也能创新出符合时代发展的健美操教学模式,从而提升健美操教学的质量。

(三)注重健美操教学模式实施效果的评价

作为一名合格的健美操体育教师,还要具备设计教学模式的能力,体育教师要结合具体的教学实际和健美操教学的规律与特点等设计出合理的教学模式。需要注意的是,除了注重教学模式的设计外,还要重视对教学模式的评价,只有通过评价,通过各种反馈信息,才能评测出教学模式的效果,根据这些反馈信息不断优化与改善教学模式。健美操教师要十分清楚各类教学模式所对应的目标,从而设计出合适的评价目标。因此,注重健美操教学模式效果的评价也是体育教师设计教学模式所必须重视的,这有利于教学模式的创新与发展。

(四)坚持健美操教学模式借鉴与创新的结合

在创建健美操教学模式的过程中,还需要坚持教学模式借鉴与创新的结合,这样才能设计出先进的教学模式。借鉴与创新的结合主要是指体育教师应加强理论知识的学习,重视最新的体育教学模式的研究动态,积极借鉴与吸收国内先进教学模式理论与发展经验,进行各种创新的尝试。

(五)加强健美操教学模式的信息化建设

加强健美操教学模式的信息化建设也是一个非常重要的创新对策。健美操教学模式的信息化建设主要涉及以下内容。

第一,各高校之间建立一个教学资源共享平台,加强健美操教学信息资源的联系与共享,从而实现借鉴与创新的目标。

第二,充分利用多媒体手段,为健美操教学模式的构建与应用提供技术支持。

第三,完善选课信息平台建设,为加强健美操教学模式的建设提供良好的信息环境。

二、现代教育背景下创新的健美操教学模式的应用

在现代教育背景下,加强健美操教学模式的创新与发展非常重要,通过多种科学的教学模式的利用,能有效促进健美操教学质量的提高。如今,多种创新的教学模式在健美操教学中得到了充分的运用。下面就重点阐述几个创新的教学模式在健美操教学中的运用。

(一)多媒体教学模式

如今,整个人类社会可谓进入了一个信息化发展的时代,各种信息化技术得到了广泛的利用,在体育教学中,数字化多媒体系统集成应用为主是多媒体教学的新发展趋势。

多媒体教学开展的场所主要是多媒体教室,多媒体教室主要由多媒体计算机、多媒体液晶投影仪、数字视频展示台、中央控制系统、投影屏幕、音响设备等多种现代教学设备组成。通过这些多媒体技术和设备的支持,可以在演示型多媒体教室完成多媒体教学、专题演讲、报告会、学术交流、演示及娱乐等多种教学

活动。

在健美操教学中，多媒体手段主要运用于健美操理论教学之中，应重点做好以下两个方面的工作。

第一，建立完整的多媒体教学系统，通过录像、图片、动画等的引入，合理使用各种教学媒体，实现各教学媒体作用的最大化，为教学服务，使教学更加生动、形象。

第二，借助多媒体，建立校园网，为学生了解健美操知识与信息提供更多的便利，同时还要为师生互动提供良好的沟通平台。

(二)移动网络教学模式

目前，常用的移动网络教学模式主要有以下三种，体育教师可结合具体的健美操教学需求选择与应用。

1.基于手机短信的移动教学模式

如今，手机早已成为人们一个必不可少的信息交流工具，打破了传统的书信、当面交谈的时空限制，使得人与人之间的交流更加便捷。

在新的时代背景下，将手机通信引入教学是移动信息技术在教学领域的大胆创新应用，具体教学操作形式为教师发布教学通知及相关内容，学生对学习情况的反馈与教师的再反馈(师生互动)，在线测评与信息查询。

基于手机短信的教学活动的开展对信息技术的应用要求比较简单，只需要一个具有短信收发功能的移动终端就可以实现。

2.基于App的移动教学模式

现如今，各种社交App的发明和应用促进了信息交流的爆发式增长，除了可以依托社交App开展体育教学组织与交流活动，与此同时，各种教育类的App也层出不穷，这也为基于App的移动教学提供了更多的便利。

以微信在教学中的应用为例。新出现的微信公众平台"VR程序设计"是为大学生顺利通过计算机二级考试开设的一门程序设计类课程。在微信平台上，学生分组创建微信群，各小组邀请教师加入，同时，所有学生和教师在一个公共群内，借助新课程模式，教师使用微信向每一位学生推送课程资源，学生可以随时、反复学习，在公共群学习讨论，在微社区发帖、回帖讨论，有效促进了师生之间的互动与交流，这对于健美操教学质量的提高具有非常重要的意义和作用。

3.基于校园网的准移动教学模式

校园网是基于互联网应用，集相关软件与硬件于一体的为学校提供教育教学服务、科研与教学管理的计算机局域网络系统。发展到现在，大部分的学校都建立了自己的校园网络,除了学校建设的校园网教学系统外,还有学生自发创建的校园网络交流的贴吧和个体与俱乐部自己的网站。这些网络平台为体育教师的网上教学活动和课外交流提供了良好的条件。

对于体育教师来说,开展网上健美操教学,应熟悉校园网的进入、板块、交互、推出等技术,并结合校园网站所提供的网络教学环境特点、学生特点、教学目标来有针对性地设计教学模式板块,应尽量详尽,尤其是在发生疫情的特殊时期,网络教学手段的利用显得更为迫切和重要。

(三)结构—定向教学模式

1. 模式解析

结构—定向教学模式是结构—定向教学理论形成与发展的产物,这一教学模式主要包括以下两个方面。

(1)结构化教学

结构化教学是指为促进学生"发生预期变化"及促进学生心理发展的教学,其要求将"构建学生的心理结构"作为教学的中心。

(2)定向化教学

学生的心理结构对教学效果有很重要的影响,依据学生的心理结构形成规律、特点而开展定向教学工作,以定向培养学生,从而提高教学效果的教学过程就是定向化教学。这一观点在体育教学中主要表现为学生在技术动作学习中认知结构和动作技能的形成过程。

2. 应用流程

将结构—定向教学模式运用到健美操教学中,需要注意以下几个环节。

第一,细致分析与设计健美操教学目标。

第二,确定健美操的动作定向,创设良好的学习情境,优化教学组织活动。

第三,组织各个小组相互学习与促进。

第四,反馈—矫正环节对多种反馈方式进行综合运用。

第五,强化练习设计。

参考文献

[1]李华.当前健美操运动技巧及教学研究[M].北京:中国商务出版社,2019.05.

[2]徐元.健美操运动教学与训练研究[M].延吉:延边大学出版社,2019.08.

[3]宋波.竞技健美操难度训练法[M].成都:电子科技大学出版社,2019.04.

[4]鲁春娟.健美操运动理论与教学指导[M].北京:中国纺织出版社,2019.11.

[5]赵萍.健美操课程教学分析与实践创新[M].长春:吉林大学出版社,2019.03.

[6]康丹丹.高校健美操教学与创新研究[M].北京:北京工业大学出版社,2019.09.

[7]王静.高校健美操教育的理论与实践创新[M].长春:吉林科学技术出版社,2019.08.

[8]赵静晓.健美操教学训练系统设计与方法研究[M].太原:山西经济出版社,2019.09.

[9]符雪姣.健美操和体育舞蹈的审美价值与健身价值研究[M].长春:东北师范大学出版社,2019.12.

[10]孔宁宁.高校竞技健美操体能训练与健康教育[M].延吉:延边大学出版社,2019.06.

[11]王旭瑞.健美操运动训练及创编教学探索[M].西安:西北工业大学出版社,2020.05.

[12]王鹏.健美操运动的基本理论及其教学研究[M].天津:天津科学技术出版社,2020.05.

[13]樊超.青少年健美操运动教学与实践研究[M].哈尔滨:哈尔滨地图出版社,2020.09.

[14]郁方.高校健美操运动与教学研究[M].长春:吉林大学出版社,2020.

[15]王华.健美操运动理论与教学训练指导[M].长春:吉林文史出版社,2020.09.

[16]傅金芬.健美操的美学特征与编排艺术[M].北京:九州出版社,2020.08.

[17]陆丹华.新形势下高校健美操创新发展研究[M].长春:吉林人民出版社,2020.08.

[18]冯道光,张小龙.高等院校体育运动类立体化精品教材健美操[M].广州:华南理工大学出版社,2020.12.

[19]安婕.健美操运动教程[M].延吉:延边大学出版社,2020.08.

[20]郭伟.健美操运动科学训练及实用方法研究[M].哈尔滨:东北林业大学出版社,2020.06.

[21]于可红,邱亚君.健美操教学与训练教程[M].北京:高等教育出版社,2021.09.

[22]张锦锦.健美操发展创新思考与技能训练研究[M].长春:吉林人民出版社,2021.08.

[23]吕慎.基础健美操[M].北京:中国医药科学技术出版社,2021.07.

[24]朱淑云,张青娟,雷莉莉.健美操运动基本理论与实践[M].长春:吉林出版集团股份有限公司,2021.

[25]黄河.竞技健美操训练研究[M].长春:吉林人民出版社,2021.06.

[26]向智星.形体训练(第四版)[M].北京:高等教育出版社,2021.08.

[27]杨萍作.健美操与科学健身[M].北京:人民体育出版社,2021.06.

[28]鲁文倩,赵戈.健美操训练理论与舞蹈健身探索[M].长春:吉林美术出版社,2021.

[29]叶伟,宋鑫平.军队院校体操训练教程[M].长沙:国防科学技术大学出版社,2021.09.

[30]王文生.世界体操运动百年之旅[M].北京:中央民族大学出版社,2021.06.